So genießt Südtirol

Heinrich Gasteiger
Gerhard Wieser
Helmut Bachmann

33 X Desserts

ATHESIA VERLAG

LIEBE LESERIN, LIEBER LESER!

Wir freuen uns, dass Sie sich für ein Buch der »So genießt Südtirol«-Kochbuchreihe entschieden haben. Um in Zukunft noch besser auf Ihre Wünsche eingehen zu können, ist uns Ihre Meinung wichtig. Bitte senden Sie uns Ihre Anregungen, Ihre Kritik, Ihr Lob und auch Ihre Fragen zu unseren Büchern. Wir freuen uns auf Ihre Nachricht!

info@so-kocht-suedtirol.it · www.so-kocht-suedtirol.it · Fax +39 0471 081079

www.facebook.com/sokochtsuedtirol

BIBLIOGRAFISCHE INFORMATION DER DEUTSCHEN NATIONALBIBLIOTHEK

Die Deutsche Nationalbibliothek verzeichnet diese Publikation in der Deutschen Nationalbibliografie; detaillierte bibliografische Daten sind im Internet abrufbar: http://dnb.d-nb.de

UMSCHLAGBILDER

Titelbild: Warmes Schokoladentörtchen

Rückseite: Brandteigkrapfen mit Schokoladensauce · Gebrannte Creme mit Waldfrüchten

BILDNACHWEIS

Fotolia: Seite 18 rechts
Stefano Hochkofler: Grafiken Seite 7, 19
Daniela Kofler: Seite 7, 8 (2 + 3), 11 rechts außen, 12 oben, 15 unten, 17 links, 18
Josef Pernter: Seite 3, 8 (1 + 4), 9 oben, 10 oben, 11 oben links und unten, 12 unten, 13 links, 14, 15 (1–3), 16 unten, 17 rechts, 19
Alle übrigen Aufnahmen stammen von Günther Pichler, Eggen, www.gpichler.com

IMPRESSUM

2017 · Dritte Auflage
Alle Rechte vorbehalten
© by Athesia AG, Bozen (2013)
Weintext: Egon Mark
Lektorat: Nicoletta De Rossi
Korrektorat: Kathrin Kötz
Umschlaggestaltung: ganeshGraphics, Lana
Design & Layout: Athesia-Tappeiner Verlag
Druck: Athesia Druck, Bozen

ISBN 978-88-8266-897-6

www.athesiabuch.it
buchverlag@athesia.it

designed + produced
IN SÜDTIROL

Einfach QR-Code scannen und auf unserer Internetseite informieren.

Ein Gruß aus der Genießerküche

Desserts, Süßspeisen und Nachtische sind mehr als der einfache Ausklang eines Menüs. Auch wenn Sie nicht unbedingt ein Freund süßer Leckereien sind, ein gutes »Dessert« ist und bleibt nun einmal der krönende Abschluss eines Essens. Noch einmal wird die vollkommene Aufmerksamkeit des Gastes in Anspruch genommen. Geschmacks- und Geruchssinn sowie das Auge wollen auch am Schluss umschmeichelt werden.
Das bedeutet nicht immer große Kreationen: Ein Eis, ein Kompott oder ein frischer Fruchtsalat reichen völlig – außer das Dessert wird zum Hauptgericht, etwa ein warmer Apfelstrudel oder gefüllte Buchteln.
Süßspeisen und Nachtische sollen süß sein, aber nicht zu süß – sie sollen den Magen nicht belasten und zum Menü passen. Keine leichte Aufgabe, vor allem nicht zu Hause, wo die Möglichkeiten doch etwas begrenzt sind. Doch Vieles kann schon lange vor dem Essen fertiggestellt werden.
Vollenden Sie Ihr Menü mit einem Feuerwerk des Genusses und variieren Sie nach Lust und Laune. Zum krönenden Abschluss Ihres Mahles sind den Möglichkeiten keine Grenzen gesetzt: Hier finden

Sie garantiert das Passende zu jeder Gelegenheit, sei es als Erfrischendes an heißen Sommertagen oder zum Herzerwärmen in der kalten Jahreszeit. Am allerwichtigsten ist es für uns, dass Sie die Desserts in vollen Zügen genießen. Die Vielfalt dieser feinen luftig-fruchtigen, erfrischenden oder rustikalen Speisen macht es leicht, jedes Essen mit einem passenden Dessert zu ergänzen. Ob Festtagsmenü oder einfache Alltagsmahlzeit, erst das Dessert gibt jeder Speisenfolge ihre ganz besondere Note.

Ihre Autoren

Gerhard Wieser

Heinrich Gasteiger

Helmut Bachmann

Inhalt

Zum Schluss das Beste

Das Buch »33 x Desserts« soll Ihnen einen Überblick über Süßspeisen verschaffen, solide Grundkenntnisse vermitteln und gleichzeitig viel Raum für eigene Variationen und kreatives Kochen bereiten. Süßspeisen können als Menüdessert, als Zwischenmahlzeit, zur Kaffeepause, als Hauptmahlzeit oder beim Dessertbuffet und auf Festen serviert werden.
Luftige **Cremen,** feine **Saucen,** lockere **Soufflés, süße Knödel,** knusprige **Strudel,** gefüllte **Crêpes,** fruchtige **Kompotte,** erfrischendes **Eis** und raffinierte Kompositionen aus Früchten und Cremen, Quark und Joghurt: Die Vielfalt der Süßspeisen ist grenzenlos. Sicher wird das eine oder das andere Rezept ein wenig Geduld erfordern oder in der Zubereitung etwas anspruchsvoller sein. Wer genießen oder seine Gäste verwöhnen will, scheut jedoch keine Mühen und wird garantiert reichlich belohnt. Das Dessert ist keine Notwendigkeit in der Speisenfolge, und doch wollen wir gerade darauf nicht verzichten.

Traditionelles neu entdeckt

Alte Süßspeisenrezepte wecken immer wieder unser Interesse. Einst wurden süße Speisen in der ländlichen Küche als Hauptgericht serviert und haben meist nichts mit den leichten Süßspeisen von heute gemein. So ist es immer wieder ein interessantes Erlebnis, Rezepte der Mutter oder Großmutter abzuwandeln und heutigen Essgewohnheiten und ernährungswissenschaftlichen Kenntnissen entsprechend neu zu erfinden und neu zu komponieren.

Dessertsaucen

Viele Desserts werden mit einer fruchtigen oder cremigen Sauce erst richtig schmackhaft. Vor allem kann man mit einer solchen feinen Ergänzung unzählige neue Variationen kombinieren und das Dessert optisch hervorragend aufwerten.
Es lassen sich auch kalte Desserts mit **warmen Saucen** kombinieren oder umgekehrt warme Desserts mit **kalten Saucen.**

Vanillesauce

Schokoladensauce

Erdbeersauce

Pfirsichsauce

Sauce	Beschreibung	Verwendung
Vanillesauce	Eine große Zahl feiner Desserts wäre ohne Vanillesauce, bestehend aus **Milch, Eigelb, Zucker, Vanille, Speisestärke** und **Sahne,** gar nicht denkbar. Sie kann kalt oder warm serviert werden.	Zum Südtiroler Apfelstrudel und zu Apfelküchlein, Buchteln, Muffins usw.
Schokoladensauce	Schokoladensauce, mit **Wasser, Kakao, Zucker, Butter** und **Sahne** zubereitet, zeigt, wie einfach es ist, Desserts attraktiv anzurichten.	Zu Windbeuteln, Profiteroles, Weinkoch, Eis, Cremen, Halbgefrorenem usw.
Fruchtsaucen aus rohen Beeren und Früchten	Die fruchtigen Saucen aus rohen **Erdbeeren, Himbeeren, Brombeeren, Maulbeeren** usw. begleiten hervorragend kalte und warme Desserts.	Zu Windbeuteln, Weinkoch, Eis, Cremen, Halbgefrorenem, Schnitten, Törtchen usw.
Gekochte Fruchtsaucen	Gekochte und pürierte Früchte, wie **Marillen, Pfirsiche, Birnen, Orangen, Himbeeren, Preiselbeeren** usw., verstärken den Geschmack und runden die Süßspeise harmonisch ab.	Zu Kuchen, Schnitten, Eis, Cremen, Halbgefrorenem usw.
Weinschaumsaucen	Alle Weinschaumsaucen aus **Weißwein, Portwein** oder **Marsalawein, Eigelb, Zucker, Vanillezucker, Zimt,** über Wasserdampf cremig luftig aufschlagen. So können sie als eigenständige Desserts in Gläsern warm serviert werden.	Man reicht diese Sauce zu gebackenen Früchten wie Apfelküchlein, Holunderküchlein, Birnenspalten usw. oder zu Kuchen, Schnitten, Löffelbiskuits usw.

Saucendekors

- **Fruchtmark** dekorativ anrichten: Zuerst eine Sorte Fruchtmark oder Sauce auf einen Teller setzen, in oder um diesen Fleck die zweite Sauce gießen. Mit einem Stäbchen oder Spieß kann man nun hübsche Muster ziehen.
- Desserts, die mit Sauce serviert werden, wie zum Beispiel kleine Törtchen, Profiteroles, Windbeutel oder Minikuchen, sehen auf einem sogenannten **Saucenspiegel** besonders edel aus.
- Auf einen Teller Vanillesauce, Mascarponesauce oder Joghurtsauce usw. gießen. Eine andersfarbige Kontrastsauce, wie Himbeersauce oder Schokoladensauce, in eine **Spritztüte** oder in ein **Spritzfläschchen** füllen und eine Spirale auf die Sauce spritzen. Dann mit einem **Stäbchen** vom Mittelpunkt aus sternförmige Linien ziehen.
- Fruchtsauce mit **Herz** oder **Schweif:** Auf die Fruchtsauce in regelmäßigen Abständen vorsichtig Naturjoghurttropfen verteilen. Mit einem Holzspieß jeden Tropfen so ausziehen, dass ein kleines Herz oder ein langer Schweif entsteht.

Himbeer-Joghurt-Mousse mit Fruchtmark-Dekor

- **Blumenmuster:** Zwei oder mehrere Saucen auf einen Teller geben und mit einem Holzspieß bogenförmig ein Blumenmuster ziehen.
- **Saucenmuster:** Zwei oder mehrere Saucen, wie Erdbeer- oder Himbeersauce bzw. Pfirsich- oder Mangosauce, mit ähnlicher Konsistenz, aber in Kontrastfarben verwenden. Zum Marmorieren vorsichtig die eine Sauce teilweise unter die andere ziehen.
- **Sternmuster:** Zwei oder mehrere Saucen auf einen Teller geben und mit einem Holzspieß abwechselnd von innen nach außen ein Sternmuster ziehen.

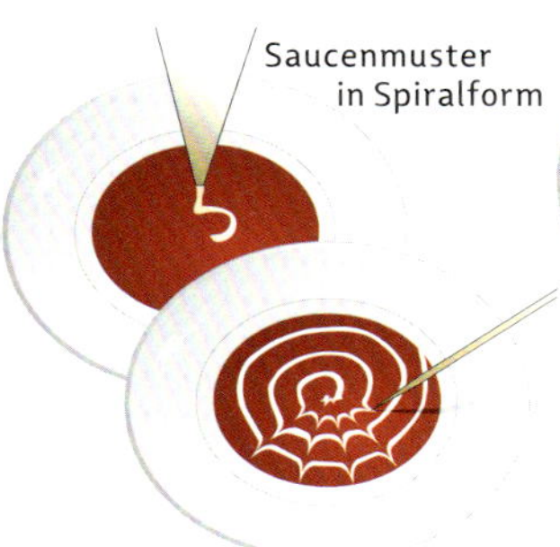

Saucenmuster in Spiralform

Saucenmuster in Herzform

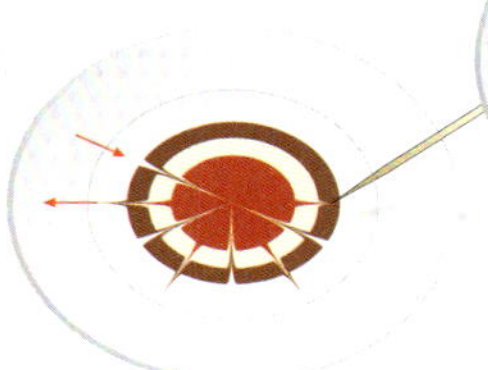

Saucenmuster in Sternform

Saucenmuster in Blumenform

Crème caramel

Tiramisu

Schokoladenmousse

Bayerische Creme

Kalte Süßspeisen

Kalte Süßspeisen werden sehr geschätzt, allen voran die klassischen Cremen wie Crème caramel, Pannacotta oder auch Crème brûlée.

Cremen

Cremen sind sehr beliebte kalte Süßspeisen. Sie können eigenständige Nachspeisen oder Bestandteil einer Süßspeise sein. Grundsätzlich werden Cremen eingeteilt in:

- **gekochte** Cremen wie Vanillecreme
- **pochierte** Cremen wie Crème caramel und Crème brûlée
- **gesulzte** Cremen wie Bayerische Creme und Mousse

TIPP

Cremen werden im Glas bzw. auf einen Teller **gestürzt** serviert oder als **Füllung** verwendet.

Crème caramel

Diese köstliche Eiercreme gehört zum Standardrepertoire der feinen Küche und ist eigentlich gar nicht so schwierig zuzubereiten, wenn man einige Grundregeln sehr exakt beachtet. Dazu gehört, dass die Förmchen mit der Creme **im warmen Wasserbad bei gleichbleibender Temperatur** gegart werden, ohne dass das Wasser dabei kocht.

Tiramisu

Tiramisu ist ein Dessert mit langer Tradition, das weit über das Ursprungsland Italien hinaus beliebt und berühmt ist.
Es ist so cremig fein, dass man geneigt ist, die Kalorien zu vergessen, die es enthält: Mascarpone, diesen speziellen Frischkäse, Eigelb, Zucker, Eischnee, Löffelbiskuit, Kaffee und Eiermarsala. Es gibt zahlreiche Variationen wie **Erdbeer-, Orangen-** oder **Lebkuchentiramisu.**

Schokoladenmousse

Dieser Schokoladenschaum ist ein Dessertklassiker und gehört zu den beliebtesten Nachspeisen.
Die Verarbeitung der Schokolade und die Zubereitung sind nicht einfach. Wichtig sind beste Zutaten, vor allem **beste Schokolade** und **nicht überschlagene Sahne.** Bei der Zubereitung vor allem darauf ach-

ten, dass das Untermischen relativ schnell geschieht.

Bayerische Creme

Die Bayerische Creme gehört zu den berühmtesten internationalen Süßspeisen. Sie wird aus **Milch, Eiern, Zucker** und **Vanille** hergestellt, gebunden mit **Gelatine** und aufgelockert mit geschlagener **Sahne.** Sie kann mit Fruchtmark, Nüssen, Kaffee, Mandeln, Nougat, Schokolade, Pistazien, Orangenlikör, Kirschwasser usw. aromatisiert werden. Geschmacklich und optisch wird sie interessanter, wenn verschiedene Zutaten in Schichten in Gläser gefüllt werden oder in Formen, die anschließend gestürzt werden.

Fruchtsalate

Für Fruchtsalate aller Art gilt zunächst der Grundsatz: Die besten, frischesten Früchte sind gerade gut genug, und zwar **zur jeweiligen Erntezeit,** wenn die Früchte reif und somit am schmackhaftesten sind. Hat man dies einmal berücksichtigt, kann nach Herzenslust kombiniert und variiert werden.

FRUCHTSALAT-VARIATIONEN

Ergänzen Sie den Fruchtsalat mit **verschiedenen Trockenfrüchten,** wie Rosinen, Datteln, Feigen, Korinthen, Marillen, oder Nüssen wie Walnüsse, Erdnüsse, Pinoli oder Pistazien.

Beeren

Frisch, saftig und gesund

Beeren und Früchte sind die wichtigsten und natürlichsten Zutaten für Desserts. Sie eignen sich zum **Belegen** von Kuchen und Torten, schmecken **gebacken** und als **eigenständige Nachspeisen.**
An frischen, reifen Früchten kann nichts verbessert werden, es sei denn, man hilft

Melone waschen und halbieren

Fruchtkerne mit einem Löffel entfernen

Mit einem Kugelausstecher runde, gleich große Kugeln (Perlen) ausstechen.

Perlen mit Melisse marinieren. Restliches Fruchtfleisch mixen und zu den Perlen servieren.

Johannisbeeren mit Fruchtsaft oder Wasser bepinseln oder darin eintauchen und anschließend in Zucker wälzen. Trocknen lassen und auf das Dessert setzen oder damit Torten und Kuchen garnieren.

zum Süßen mit etwas Zucker oder zum Ansäuern mit etwas Zitronensaft nach.

Wie erkenne ich, ob Supermarkt-Erdbeeren aus der Region sind?

Stutzig sollte man werden, wenn es bereits Anfang April Erdbeeren gibt. Die ersten Freilanderdbeeren aus der Region gibt es je nach Witterung erst ab **Anfang Mai.**

Frische Erdbeeren, Brombeeren, Himbeeren und Schwarzbeeren (v. l. n. r.) schmecken auch pur hervorragend als Dessert.

Wie bekomme ich ganz frische Erdbeeren?

Selbst pflücken und sofort verarbeiten! Beste Sammelzeit ist ein sonniger Morgen während einer längeren Trockenperiode. Kauft man direkt beim Erzeuger oder auf dem Markt, sind die Erdbeeren in der Regel am selben Morgen gepflückt worden.

Gefrorene Süßspeisen

Eis und Eisspezialitäten sind sehr beliebt und gehören auf jede Dessertkarte. Trotz des großen Angebotes an fertigen Eissorten sowie an verschiedenen Eisprodukten gibt es genügend gute Gründe, **Eis selbst herzustellen:** Die Zutaten der gefrorenen Süßspeisen sind frisch, es sind keine Konservierungsstoffe notwendig, sie schmecken besser und sind billiger – und ein Tiefkühlschrank ist oft alles, was benötigt wird, um sie zuzubereiten.

Cremeeis

Cremeeis-Sorten basieren auf dem Grundrezept Vanilleeis, das je nach Verwendung abgeändert werden kann. Das Ei dient als Bindung, Sahne und Milch machen das Eis geschmeidig, Zucker gibt die Süße und Vanille das Aroma.

Fruchteis

Fruchteis-Sorten basieren auf dem Grundrezept Vanilleeis, nur wird das Grundrezept mit Fruchtmark versetzt und je nach Verwendung abgeändert. Das Ei wird meistens weggelassen und als Bindung dient Sahne – sie macht das Fruchteis geschmeidig.

Pfirsich Melba

Birne Helene

Sorbets

Ein Sorbet ist ein leichtes Fruchteis. Es kann von unterschiedlicher Konsistenz und sowohl Nachtisch als auch erfrischender Zwischengang bei einem mehrgängigen Menü sein – das Sorbet wird in diesem Fall meist vor dem Hauptgang serviert. Mit einer **Sorbetmaschine** lässt es sich ganz einfach herstellen. Man kann ein Sorbet jedoch auch **im Gefrierfach zubereiten:** Schüssel und Schneebesen müssen zusammen ins Gefrierfach passen. Man lässt die Mischung aus Fruchtsaft, Läuterzucker und eventuell Sekt am Rand und an der Oberfläche etwas anfrieren, rührt sie durch und lässt sie erneut anfrieren. Dieser Vorgang wird so oft wiederholt, bis eine cremige Eismasse entstanden ist.

Granita wird mit dem Löffel herausgeschabt.

Warme Süßspeisen

Warme Süßspeisen werden ausschließlich warm bzw. heiß serviert. Sie werden eingeteilt in: **Krapfen, Buchteln, Strudel, süße Knödel, Nocken, Palatschinken, Crêpes, Schmarren, Omeletten, Soufflés** (Aufläufe), warme **Puddings** und **Weinkochs.**

Souffléförmchen mit Butter bestreichen und mit [1] Brotbröseln, [2] Grieß, [3] Nüssen oder [4] Zucker ausstreuen.

CRÊPES

Süße Crêpes werden mit Zucker bestreut und mit Alkohol beträufelt oder mit Marmelade (Konfitüre), Vanillecreme, Früchteragout, Schokolade usw. gefüllt und dann gefaltet.
Pikante Crêpes werden mit geriebenem Käse, Frischkäse, Rührei, Spinat, Radicchio, Tomaten usw. gefüllt.

Süße Knödel

Kaum eine Spezialität hat so viele Verwendungsmöglichkeiten und Zubereitungsformen wie der Knödel. Außer Speckknödel findet man auch solche, die aus **Kartoffel-, Topfen-** oder **Hefeteig,** ja sogar aus

Südtiroler Apfelknödel

Brandteig hergestellt und mit Früchten gefüllt werden.
Darüber hinaus gibt es noch viele spezielle Arten, wie die flaumigen **Grieß-** oder **Mohnknödel.** Auch in der Zubereitung kennt man Unterschiede: Knödel werden gekocht, im Dampf zubereitet oder mitunter auch im Fett gebacken. Meistens werden die Knödel mit in Butter gerösteten Bröseln, geriebenem Mohn, Fruchtsaucen, Vanille- oder Zimtsauce gereicht und mit Staubzucker bestreut.

Marillen-/Zwetschgenknödel: In der Südtiroler und österreichischen Küche sind süße Desserts aus Kartoffel- oder Topfenteig äußerst beliebt und haben es zu internationaler Berühmtheit gebracht. Wie bei manchen Wiener Schmankerln vermutet man auch bei den Zwetschgen- und Marillenknödeln die Heimat in Böhmen.

Kirschstrudel

KNÖDEL VERSCHLIESSEN

Obstknödel lassen sich beim Formen nicht verschließen: Dieser Fall tritt meist ein, wenn die Früchte entkernt und mit Zucker gefüllt wurden. Verschließen Sie den Teig immer an einer Stelle, an der die Frucht keine Öffnung aufweist.

Mohnnudeln/Grießnudeln/Nussnudeln

Diese süßen Nudelgerichte werden aus Kartoffel- oder Topfenteig hergestellt. Als Beilage sind Kompotte zu empfehlen.

Strudel

Der Strudel ist eine Mehlspeise der österreichisch-ungarischen Küche, meist aus hauchdünn ausgezogenem Strudel-, Mürb- oder Blätterteig, der gefüllt, aufgerollt und dann gebacken wird. Die bekannteste Strudelart ist der **Apfelstrudel,** aber auch **Kirsch-, Marillen-, Topfen-, Zwetschgen-, Trauben-, Birnen-, Nuss-, Mohn-** und **Milchrahmstrudel** sind kulinarische Genüsse und werden hoch geschätzt – und es gibt auch noch pikante Strudel. Alle Strudelarten können sowohl warm als auch kalt serviert werden.

Gebackene Früchte

Früchte in Teig gebacken sind ein ganz besonderer Genuss. Sie verbinden das Üppige der Teighülle mit der Leichtigkeit der Frucht.

Gebackene Kirschen

Gebackene Holunderblüten

Fast jede Frucht eignet sich zum Ausbacken. Rechnet man die möglichen Füllungen und Saucen dazu, so ergeben sich Unmengen an Kombinationsmöglichkeiten.
Das Ausbacken ist eine äußerst **schmackhafte Garmethode.** Für alle ausgebackenen Früchte kann ein Grundteig (Ausbackteig) verwendet werden, mal dicker, mal flüssiger, je nach gewünschter Stärke des Teigmantels, und statt mit Milch mit Wein oder Bier zubereitet.
Ideale Früchte sind **Äpfel, Birnen, Erdbeeren, Kirschen, Feigen, Johannisbeeren, Holunderblüten** usw. Holunderküchlein gibt es nur, wenn der Holunderbusch im Frühsommer in voller weißer Blüte steht.

TIPPS

- Mit **Wein** wird der Ausbackteig knuspriger, mit **Bier** besonders locker.
- Dank tiefgekühlter Früchte können Sie auch **im Winter** gebackene Sommerfrüchte servieren.

Gebackene Apfelküchel

KALORIENARM

Auch Anhänger der **Vollwerternährung** brauchen auf eine süße Nachspeise nicht zu verzichten. Mit Honig, Sahne, Mandeln, Nüssen und Früchten lassen sich Köstlichkeiten zaubern, die jeder Vollwertmahlzeit ein Glanzlicht aufsetzen.
Desserts sind in jedem Fall eine Bereicherung für den abwechslungsreichen und ausgewogenen Speiseplan.

Für Espuma (Schaum) brauchen Sie eine Espumaflasche (Syphonflasche) mit Sahnekapseln: Es gibt sie mit einem Viertel, einem halben und 1 Liter Inhalt.

WAS TUN, WENN EINE BACKZUTAT FEHLT?

Ärgerlich, wenn Sie beim Vorbereiten feststellen, dass Sie keine Butter oder kein Mehl im Haus haben. Das haben wohl viele schon erlebt: Der Teig ist fast fertig, und dann der Schreck! Es fehlt eine wichtige Zutat. Kein Grund, sich zu ärgern, denn für fast alles gibt es einen Ersatz. Hier einige Tipps, damit die Desserts dennoch gelingen:

- **Das Backpulver ist ausgegangen**
  Kuchen gehen trotzdem auf, wenn Sie stattdessen eine Packung Trockenhefe zugeben. Mit etwas Alkohol treibt der Teig besonders leicht: 3–4 Esslöffel Rum, Cognac oder Kirschwasser zugeben; je höher die Volumenprozentzahl, umso besser die Triebkraft.
- **Der Zucker reicht nicht**
  Kuchen lassen sich auch gut mit Honig oder Sirup süßen. Statt 100 g Zucker verwenden Sie dann 75 g Honig. Fehlt Staubzucker (Puderzucker), mahlen sie einfach normalen Zucker im Mixer oder Mörser fein.
- **Die Milch ist ausgegangen**
  Verdünnen Sie Sahne mit etwas Wasser.
- **Keine Butter mehr im Hause**
  Durch neutrales Pflanzenöl ersetzen: 80 ml Öl = 100 g Butter oder Margarine. In Mürbteig können Sie für die Hälfte des Fettes Joghurt, Buttermilch oder Topfen (Quark) verwenden.

Grundzutaten für Desserts richtig anwenden

- **Alkohol** wie z. B. Rum wird vor allem für Teige benutzt. Liköre wie Orangen-, Mandarinen-, Kirsch-, Schokoladen- oder Mokkalikör werden für Cremen und Massen verwendet, außerdem für Saucen und zur Herstellung von Fruchtdesserts.
- **Backpulver** wird zusammen mit Mehl gesiebt.
- **Gelatine** in viel kaltem Wasser einweichen, auflösen und der Grundmasse zufügen oder bei heißen Massen, ohne aufzulösen, direkt zugeben.
- **Nüsse** im Backofen bei 200 Grad etwa 5–10 Minuten rösten. Schale mit einem Küchentuch oder im Drahtsieb abreiben.
- **Salz** wird beinahe jedem Teig und jeder Masse zugefügt. Es wirkt geschmacksverbessernd.
- **Staubzucker** (Puderzucker) muss meist vor Verarbeitung gesiebt werden, um Klumpen zu vermeiden.

Staubzucker ist zum Verfeinern und Dekorieren von Desserts besonders gut geeignet.

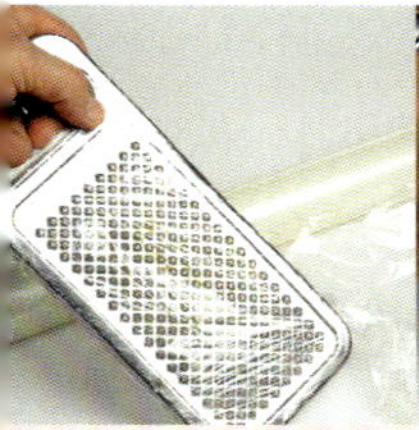
Klarsichtfolie um die Reibe wickeln

Zitrone darauf reiben, bis die Schale rundherum abgerieben ist

Klarsichtfolie abziehen und abgeriebene Schale mit dem Messer entfernen

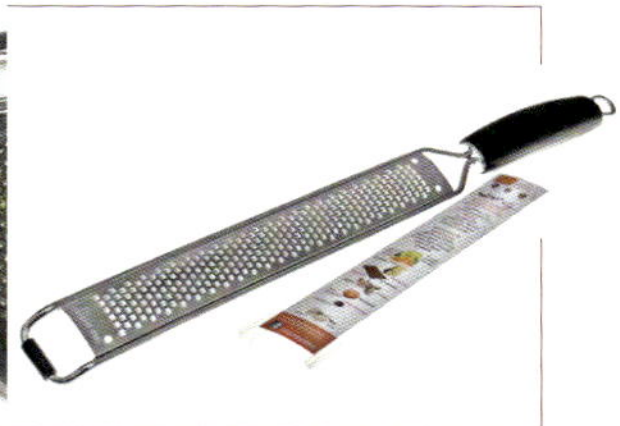
Die Universalreibe eignet sich für Zitrusfrüchte, Schokolade, Ingwer, Brösel usw.

- Vanille wird bei Massen und Teigen verwendet. Vanilleschote der Länge nach halbieren, Fruchtmark samt den kleinen schwarzen Kernen mit dem Messerrücken herausschaben.
- Vollkorn: Mehl in Teigen und Massen kann durch Dinkel- oder Weizenvollkornmehl ersetzt werden. Dabei sollten Flüssigkeitsmenge bzw. Eieranteil erhöht werden.
- Zitronen- und Orangenschale: Nur die äußere, dünne Zitronen- oder Orangenschale ohne weiße Trennhäute von gewaschenen, unbehandelten Früchten verwenden.

Wie wird Gelatine verwendet und verarbeitet?

- Geben Sie die Blattgelatine (meist 20 g) für mindestens 15 Minuten in reichlich kaltes Wasser, bis die Blätter weich sind.
- Benötigen Sie mehrere Blätter, dann geben Sie am besten jedes Blatt einzeln ins Wasser, so weichen sie schneller auf.
- Die Gelatine zum Gebrauch aus dem kalten Wasser nehmen und gut ausdrücken.

VERARBEITUNG VON SCHOKOLADE

Kuvertüre/Schokolade schmelzen

Schneiden Sie die Schokolade zuerst klein auf. Erwärmen Sie in einem nicht zu kleinen Topf reichlich Wasser auf etwa 40 Grad. Die Schokolade geben Sie in einen Schlagkessel (oder in eine Stahlschüssel) und stellen diesen in das Wasserbad, d. h., der Kessel sollte im Wasser sein, damit eine bessere Hitzeübertragung erfolgt. Mit einem Kochlöffel oder einer Teigspachtel rühren Sie die Schokolade öfter um und lösen dabei die bereits geschmolzene Schokolade immer wieder vom Kesselrand.

Kuvertüre enthält viel Kakaobutter, deshalb lässt sie sich gut verarbeiten und erhält bei richtiger Verarbeitung einen schönen Glanz.

Gelatineblätter in reichlich kaltem Wasser etwa 15 Minuten einweichen und in einer Stahlschüssel oder einer Schöpfkelle im warmen Wasserbad auflösen.

- Wenn Sie die in kaltem Wasser eingeweichten und ausgedrückten Gelatineblätter zu einer **heißen oder warmen Flüssigkeit** geben, müssen Sie diese vorher nicht auflösen, sondern können sie direkt dazugeben.
- Die erwärmte, flüssige Gelatine müssen Sie **rasch mit dem Schneebesen** z. B. in eine kalte Creme oder dergleichen einrühren, damit sie sich gleichmäßig in der Speise verteilt und nicht vorher teilweise stockt.

HYGIENE IST IN DER SÜSSSPEISENKÜCHE DAS OBERSTE GEBOT

Achtung: Bei der Zubereitung der Speisen müssen die Hygienemaßnahmen unbedingt beachtet werden:

- Bei der Verwendung von **rohen Eiern** nur ganz frische Eier verwenden oder auf pasteurisierte Eier zurückgreifen.
- Süßspeisen vor **Fremdgeruch** schützen.
- Süßspeisen nur **kurzfristig lagern.**
- Die meisten Desserts gehören, bedingt durch die verwendeten Zutaten, zu den **leicht verderblichen** Lebensmitteln.

GELATINE

Wie kann man tierische Gelatine am besten ersetzen? Versuchen Sie es mit Agar-Agar: Dieses Pulver wird aus Meeresalgen hergestellt. Anders als Gelatine muss man es aber aufkochen, damit es geliert.

Pannenhilfen

Im Prinzip kann jeder nach Rezept kochen. Das Gelingen hängt jedoch davon ab, wie exakt die Zutaten angegeben und wie detailliert die Zubereitung und Fertigstellung beschrieben sind. Doch nichts geht über die vielen kleinen Tricks und Kniffe, die sich Hausfrauen und -männer sowie Profiköche in vielen Jahren Praxis angeeignet haben. Hier sind unsere ultimativen Tipps:

- **Backpapier** verrutscht auf dem Backblech nicht, wenn man die Ecken des Bleches mit Butter, Margarine oder Trennfett bestreicht und erst dann das Papier auflegt.
- **Brandteig** wird zu fest: Noch ein Ei unter den Teig rühren, das macht ihn lockerer.
- **Windbeutel** sind fertig gebacken, wenn sie beim leichten Daraufklopfen hohl klingen.

Profiteroles

Windbeutel

Kleine Tricks für den täglichen Gebrauch

Orangen filetieren

Schale so dick abschälen, dass die weiße Haut mit entfernt wird. Fruchtfilets zwischen den Trennhäuten herausschneiden.

Orangen sollte man filetieren, wenn man sie als Garnitur für Desserts oder auch als Beilage zu Gemüse, Blattsalaten und Saucen verwendet.

Salz bei Süßspeisen

Salz ist mehr Geschmacksverstärker als Gewürz. Als solcher funktioniert es auch in Süßspeisen. Eine Prise Salz in süßen Teigen und Desserts verleiht den Gerichten einen intensiveren Geschmack.

Zitronen

Zitronen lassen sich leichter auspressen, wenn man sie zuvor mit etwas Druck hin und her rollt. Zitronenschalen immer möglichst dünn abschneiden bzw. abreiben, da die innere weiße Haut sehr bitter schmeckt.

Süßspeisen und Früchte im Land des Dolce Vita

In Italien gibt es als Nachtisch zu jeder Jahreszeit oft **Obst.** Der Frühling bringt Erdbeeren, dann kommen Kirschen, Honigmelonen und Wassermelonen. Im Spätsommer und Herbst reifen Marillen, Pfirsiche, Trauben, Äpfel und Birnen. Im Winter kommen Orangen und Mandarinen aus Süditalien. An besonders kalten Herbstabenden gibt es geröstete Kastanien. All dies macht wenig Mühe und ist gleichwohl gut und schmackhaft.

Ein Buffet mit schön angerichteten Desserts ist sowohl Appetitanreger als auch Augenweide, denn auch das Auge genießt mit.

Pannacotta auf Ananas

Beliebte Süßspeisen – daran kommt kein Italiener vorbei

Bignè (Krapfen): Brandteiggebäck, gefüllt mit Vanille-, Schokoladen-, Nusscreme usw.
Crème caramel: Flan oder Eiercreme mit karamellisiertem Zucker
Crostata: flacher Mürbteigkuchen
Crostoli: in Fett gebackene Krapfen aus dünnen Teigblättern
Pannacotta: gestürzte Sahnecreme
Semifreddo: Halbgefrorenes mit Nüssen, Mandeln, Pistazien, Nougat usw.
Tiramisu: Süßspeise mit einer Creme aus Mascarpone und Löffelbiskuits

Tiramisu

Süß wie die Liebe und zart wie ein Kuss

Nachdem das süße Dessert meist der letzte Gang in einem Menü ist, bleibt es dem Genießer in besonderer Erinnerung. Grundsätzliches sollte dabei überlegt werden:

- **Süße und Süße addieren sich** in unserer Geschmacksempfindung nicht und daher gilt die Regel: »Je süßer das Dessert, umso süßer sollte der begleitende Wein sein.«
- Bei süßen Desserts ist vor allem auf zwei Inhaltsstoffe zu achten: die **Säure** bei frischen Früchten und die versteckten **Bitterstoffe** von Schokolade. Dies bedeutet, dass ein Süßwein aus einer säurearmen Rebsorte mit Früchten im Dessert und ein »Likörwein« – ein Vino Liquoroso – auch mit Schokolade eine genussvolle Partnerschaft eingehen kann.

Die Auswahl an Weinen mit Restsüße ist groß, und zu regionalen Süßspeisen kann oft ein passender Wein gefunden werden. So zum Beispiel **Gold-** und **Rosenmuskateller** aus Südtirol, **Asti Spumante** und **Brachetto** aus Piemont, **Vin Santo** aus der Toskana, süße **Marsalas** aus Sizilien oder **Vini Passiti** sind ideale Begleiter zu Desserts.
Spumanti sollten auf jeden Fall nicht zu trocken sein. Wenn sie dann noch aus aromatischen Trauben gewonnen wurden, ist ein schönes Finale ziemlich sicher.

Zubereitung Biskuitroulade

Geschlagener Eischnee

Eigelbmasse mit dem Eischnee mischen

Mehl unterheben

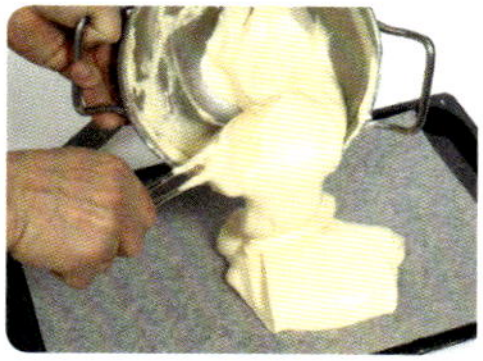

Auf Backpapier aufstreichen

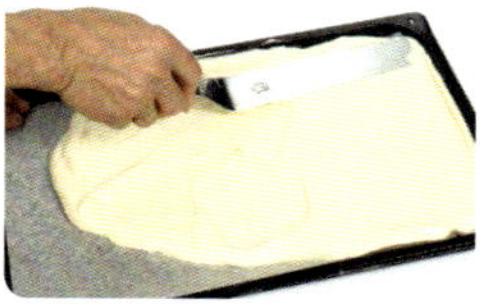

Mit der Winkelpalette gleichmäßig auftragen

Gebackene Biskuitroulade

Mit Himbeermarmelade bestreichen

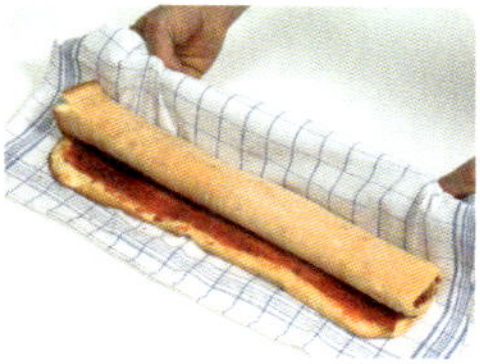

Roulade einrollen

ZUBEREITUNG HIPPENBLÄTTER

Hippen formen

Gebackenes Hippenblatt

Noch heißes Hippenblatt über die Form stülpen und erkalten lassen

Ausgehärtete Hippenform

1 Hippenröllchen
2 Hippenstern
3 Hippenspirale
4 Hippenblume
5 Hippenblumenkörbchen
6 Hippenstanitzel
7 Hippenblatt
8 Hippenkörbchen
9 Hippenblütenblatt
10 Hippenahornblatt

Hippenmasse auf Schablone aufstreichen

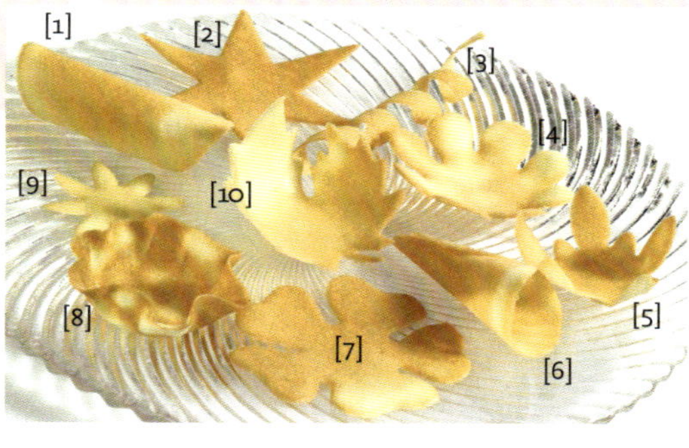

Eierlikörcreme im Glas

FÜR 4 PERSONEN

Eierlikörcreme

½	Vanilleschote oder 1 Pkg. Vanillezucker
250 ml	Milch
1 Prise	Salz
40 ml	Eierlikör
1	Ei
2	Eigelb
100 g	Zucker
3 Blatt	Gelatine, eingeweicht und ausgedrückt
250 ml	geschlagene Sahne

Weiteres

200 g	Erdbeeren, klein geschnitten
4 EL	angeschlagene Sahne
2 EL	Schokoladenspäne zum Garnieren

Eierlikörcreme

- Vanilleschote der Länge nach aufschlitzen und mit einem Messer das Mark herausschaben.
- Milch mit Salz und Vanillemark erhitzen. In einer Schüssel Eierlikör, Ei, Eigelb und Zucker mit dem Schneebesen verrühren.
- Unter Rühren die kochend heiße Milch dazu gießen, und bei mäßiger Hitze zur Rose (82 Grad) abziehen – die Masse darf nicht kochen.
- Von der Kochstelle nehmen, durch ein Sieb seihen und Gelatine in der heißen Creme auflösen.
- Creme öfters umrühren und auf etwa 10 Grad abkühlen lassen.
- Sobald die Creme zu stocken beginnt, nochmals durchrühren und Sahne unterziehen.
- In kalte Gläser füllen und im Kühlschrank 2 Stunden kalt stellen, damit die Creme fest wird.

Fertigstellung

- Die Eierlikörcreme mit Erdbeeren, angeschlagener Sahne und Schokoladenspänen servieren.

TIPPS

1. *Sie können die Creme mit Grand Marnier (Orangenlikör) abschmecken.*
2. *Statt Gelatine können Sie Agar-Agar verwenden, laut Packungsanweisung.*
3. *Zur Creme können Sie verschiedene Fruchtsaucen (Erdbeeren, Himbeeren, Marillen), klein geschnittene Früchte und Kekse servieren.*

Kakicreme in Blätterteigbrösel

Für 4 Personen

Kakicreme

150 g	Kaki (100 g Kakipüree)
1 EL	Zitronensaft
40 g	Zucker
2 EL	Kirschlikör
2 Blatt	Gelatine, eingeweicht und aufgelöst
200 ml	geschlagene Sahne

Blätterteigbrösel

50 g	Blätterteig
1 TL	Staubzucker
1 Msp.	Zimt

Weiteres

200 g	Kakispalten zum Garnieren
1 EL	Zitronenmelisse, in feine Streifen geschnitten, zum Garnieren
	Staubzucker zum Bestreuen

Blätterteigbrösel:
etwa 160 Grad
etwa 12 Minuten (Umluft)

etwa 180 Grad
etwa 12 Minuten (Ober-/Unterhitze)

Kakicreme

- Kaki durch ein Haar- oder Teesieb streichen.
- Kakipüree, Zitronensaft, Zucker und Kirschlikör vermischen.
- Aufgelöste Gelatine zur Creme geben, dann auf etwa 10 Grad abkühlen lassen.
- Sahne nach und nach unterheben und im Kühlschrank mindestens 2 Stunden kalt stellen.

Blätterteigbrösel

- Den Blätterteig dünn ausrollen, auf ein mit Backpapier ausgelegtes Backblech legen, mit Staubzucker bestreuen und backen.
- Den ausgekühlten Blätterteig zerbröseln und mit Zimt vermischen.

Fertigstellung

- Die Kakicreme mit einem Löffel zu Nocken formen und in Blätterteigbröseln wälzen.
- Auf Kakispalten anrichten, mit Zitronenmelisse garnieren, mit Staubzucker bestreuen und servieren.

TIPPS

1. *Für das Kakipüree streicht man sehr reife Kaki einfach durch ein Haar- oder Teesieb.*
2. *Wenn Sie die Creme in Gläser füllen, nehmen Sie 1½ Blatt Gelatine.*
3. *Sie können anstelle von Kaki auch Bananen nehmen.*
4. *Statt Blätterteigbrösel können Sie geröstete Mandelblätter oder Walnüsse verwenden.*
5. *Servieren Sie zur Kakicreme Kastanienreis und eine Schokoladensauce.*

Kastanien-Karamellcreme

FÜR 4 PERSONEN

Karamellzucker

100 g	Zucker
½	Zitrone, Saft

Kastanien-Karamellcreme

250 ml	Milch
1 Pkg.	Vanillezucker oder ½ Vanilleschote
1 Msp.	Zimt
1 Prise	Salz
2	Eier
60 g	Zucker
80 g	gekochte Kastanien, zerbröselt
1 EL	Rum

Weiteres

4 EL	geschlagene Sahne
½ TL	Zimt zum Bestreuen
12	gekochte Kastanien, karamellisiert
4	Minzeherzen zum Garnieren

etwa 140 Grad
etwa 50 Minuten

etwa 160 Grad
etwa 50 Minuten

Karamellzucker

- Zucker in einem kleinen Topf schmelzen lassen, Zitronensaft dazugeben und hellbraun karamellisieren lassen.
- In Auflaufförmchen (Dariolformen) gießen.

Kastanien-Karamellcreme (siehe vordere Umschlag-Innenseite)

- Milch mit Vanillezucker, Zimt und Salz aufkochen.
- Eier und Zucker verrühren, die heiße Milch langsam unterrühren.
- Durch ein Sieb seihen, mit Kastanien vermischen, mit Rum abschmecken und in die Förmchen zum Karamellzucker geben.
- Einen niederen Topf mit Backpapier auslegen, dann zwei Finger hoch heißes Wasser einfüllen, die Förmchen hineinstellen und in den vorgeheizten Backofen geben.

Fertigstellung

- Wenn die Creme völlig gestockt ist, aus dem Wasserbad heben und mindestens 1 Stunde im Kühlschrank erkalten lassen.
- Mit einem kleinen glatten Messer am Rand der Form entlang schneiden, damit sich die Creme aus der Form löst.
- Die Kastanien-Karamellcreme auf Teller stürzen, mit flüssigem Karamellzucker aus dem Förmchen übergießen.
- Geschlagene Sahne daneben anrichten, mit etwas Zimt bestreuen und mit karamellisierten Kastanien und Minze garniert servieren.

VARIATION

Crème caramel: Lassen Sie bei der Kastanien-Karamellcreme Kastanien und Zimt weg und nehmen stattdessen noch ein Eigelb dazu.

TIPPS

1. *Das Backpapier im Kochtopf verhindert, dass die Förmchen einen direkten Kontakt mit dem Kochtopfboden haben.*
2. *Für die Garprobe stechen Sie mit einem kleinen Messer in die Creme, kommt klares Karamell hoch, ist die Creme fertig gegart.*

Joghurtmousse mit Himbeergelee

Für 4 Personen

Joghurtmousse

140 g	Naturjoghurt
40 g	Staubzucker
1 1/2 Blatt	Gelatine, eingeweicht und aufgelöst
100 ml	Sahne

Himbeergelee

100 ml	Wasser
70 ml	Himbeersirup
2 Blatt	Gelatine, eingeweicht und aufgelöst

Weiteres

2 EL	Himbeermark zum Garnieren
100 g	Himbeeren zum Garnieren
1 TL	Pistazien, gehackt, zum Garnieren

Joghurtmousse

- In einer Schüssel Naturjoghurt und Staubzucker verrühren.
- Gelatine dazugeben.
- Sahne steif schlagen und vorsichtig unterheben.
- Die Hälfte der Joghurtmousse in die Förmchen einfüllen und im Kühlschrank stocken lassen.

Himbeergelee

- Wasser und Himbeersirup verrühren.
- Die aufgelöste flüssige Gelatine zum Himbeersaft geben.
- Das Himbeergelee auf 10 Grad abkühlen lassen, aber es darf nicht stocken; das Gelee soll sich, wenn man mit den Fingern probiert, kalt anfühlen.

Fertigstellung

- Die Hälfte vom Gelee über die bereits gekühlte Joghurtmousse geben und kalt stellen, bis das Gelee stockt.
- Die restliche Joghurtmousse auf das Himbeergelee geben, noch mal kühlen, dann mit dem restlichen Himbeergelee übergießen und wiederum kalt stellen.
- Joghurtmousse mit Himbeergelee aus den Förmchen lösen, auf die Teller stürzen, mit Himbeermark und Himbeeren anrichten und mit Pistazien garniert servieren.

TIPPS

1. *Statt Naturjoghurt können Sie Fruchtjoghurt verwenden.*
2. *Für das Gelee können Sie auch andere Früchte wie Erdbeeren, Mangos, Pfirsiche oder Zitronen verwenden.*
3. *Statt Himbeeren passen zur Mousse auch Marillen (Aprikosen), Zwetschgen oder frische Walderdbeeren.*

Gebrannte Creme mit Waldfrüchten

CRÈME BRÛLÉE

FÜR 4 PERSONEN

Gebrannte Creme

70 ml	Milch
200 ml	Sahne
25 g	Zucker
1 Pkg.	Vanillezucker oder ½ Vanilleschote
½ TL	Orangenschale, gerieben
1 EL	Grand Marnier (Orangenlikör)
1 Prise	Salz
5	Eigelb
25 g	Zucker

Weiteres

2 EL	brauner Zucker zum Abflämmen
150 g	Waldfrüchte: Brombeeren, Erdbeeren, Schwarzbeeren und Himbeeren zum Garnieren

etwa 140 Grad
etwa 30 Minuten

etwa 160 Grad
etwa 30 Minuten

Gebrannte Creme

- Milch, Sahne, Zucker, Vanillezucker, Orangenschale, Grand Marnier und Salz aufkochen.
- Eigelb und Zucker in einer Schüssel verrühren und heiße Milch dazugeben.
- Die Masse bei mäßiger Hitze zur Rose (82 Grad) abziehen, durch ein Sieb seihen und in Porzellanförmchen füllen.
- Einen niederen Topf mit Backpapier auslegen, zwei Finger hoch heißes Wasser einfüllen und die Förmchen hineinstellen. In den vorgeheizten Backofen geben.
- Wenn die Creme völlig gestockt ist, aus dem Wasserbad heben und etwa 1 Stunde im Kühlschrank erkalten lassen.
- Die Creme mit braunem Zucker bestreuen und unter dem Salamander oder mit einem Abflammgerät (Bunsenbrenner) karamellisieren.
- Mit Waldfrüchten garniert servieren.

TIPPS

1. *Das Backpapier im Kochtopf verhindert, dass die Förmchen einen direkten Kontakt mit dem Kochtopfboden haben.*
2. *Für die Garprobe stechen Sie mit einem kleinen Messer in die Creme: Klebt nichts mehr am Messer, ist die Creme fertig gegart.*

Minze-Pannacotta

FÜR 4 PERSONEN

Minze-Pannacotta

250 ml	Sahne
100 ml	Milch
20	Minzeblätter, in feine Streifen geschnitten
40 g	Zucker
2 Blatt	Gelatine, eingeweicht
1 Prise	Salz
1 Msp.	Zitronenschale, gerieben

Weiteres

150 g	Erdbeeren, in Streifen geschnitten
2 EL	Grand Marnier (Orangenlikör)
2	Minzeblätter, in feine Streifen geschnitten
1 TL	Limettenschale, in feinste Streifen geschnitten
½ TL	Staubzucker
1 EL	Mandelblättchen, geröstet

Minze-Pannacotta

- In einem Topf Sahne, Milch, Minze und Zucker kurz aufkochen lassen.
- Gelatine ausdrücken und zusammen mit Salz und Zitronenschale dazugeben und etwa 15 Minuten ziehen lassen.
- Die Pannacotta durch ein feines Sieb passieren.
- Die Masse in kleine Formen füllen und im Kühlschrank mindestens 2 Stunden kalt stellen, bis die Masse stockt.

Fertigstellung

- Erdbeerstreifen auf einem Teller anrichten, Förmchen kurz in heißes Wasser tauchen und Pannacotta auf die Teller stürzen.
- Grand Marnier mit Minze, Limettenschale und Staubzucker vermischen und über die Erdbeeren geben.
- Die Minze-Pannacotta mit Mandelblättchen garniert servieren.

Minze-Pannacotta: etwa 3 Minuten

TIPPS

1. *Statt Minze können Sie auch Waldmeister oder Schafgarbe verwenden.*
2. *Anstelle der Erdbeeren können Sie Waldfrüchte, Orangen- oder Pfirsichfilets verwenden.*
3. *Anstelle der Mandelblättchen können Sie zum Garnieren auch Pistazien oder gehobelte Bitterschokolade verwenden.*

Walnussmousse auf Pfirsichkompott

Für 4 Personen

Walnussmousse

100 g	weiße Schokolade (Kuvertüre)
1	Ei
1	Eigelb
40 g	Zucker
2 Blatt	Gelatine, eingeweicht
2 EL	Creme de cacao oder Rum
80 g	Walnüsse, gehackt
200 ml	geschlagene Sahne

Pfirsichkompott

4	kleine Pfirsiche
250 ml	Wasser
80 g	Zucker (je nach Reife, Süße der Früchte)
2 EL	Zitronensaft

Weiteres

50 g	Walnüsse, gehackt, zum Bestreuen
100 g	Himbeeren zum Garnieren
	Nelkenblüten zum Garnieren

Pfirsiche: etwa 10 Minuten

Walnussmousse

- Weiße Schokolade grob schneiden oder in Stücke brechen, in eine Stahlschüssel geben und im warmen Wasserbad schmelzen lassen.
- Ei und Eigelb mit Zucker im warmen Wasserbad bis auf 82 Grad zuerst schaumig schlagen, anschließend mit dem Schneebesen oder dem Handrührgerät auf Eiswasser kalt schlagen.
- Gelatine ausdrücken. Creme de cacao im warmen Wasserbad erwärmen und Gelatine darin auflösen.
- Geschmolzene Schokolade zusammen mit der aufgelösten Gelatine in die Eischaummasse rühren, Walnüsse und Sahne unterheben.
- In ein flaches Geschirr füllen, mit Klarsichtfolie zudecken und im Kühlschrank etwa 2 Stunden kalt stellen.

Pfirsichkompott

- Pfirsiche waschen, nach Wunsch schälen, halbieren und entsteinen.
- Wasser mit Zucker und Zitronensaft kurz aufkochen (etwa 3 Minuten).
- Pfirsichhälften einlegen und im Zuckersirup weich kochen.

Fertigstellung

- Pfirsichhälften auf Tellern anrichten, Walnussmousse mit einem in heißes Wasser getauchten Löffel zu Nocken formen und auf die Pfirsichhälften setzen.
- Mit Walnüssen bestreuen und mit Himbeeren und Nelkenblüten garniert servieren.

TIPPS

1. *Statt der Pfirsiche können Sie Marillen (Aprikosen), Zwetschgen oder frische Waldbeeren verwenden.*
2. *Anstelle des rohen Eigelbs können Sie auch pasteurisiertes Eigelb verwenden.*
3. *Stechen Sie von der Walnussmousse mit einem Eisportionierer oder Löffel Halbkugeln ab.*

Rhabarber-Topfenstrudel

FÜR 4 PERSONEN, 1 STRUDEL

Füllung

500 g	Rhabarber
1 Msp.	Zitronenschale, gerieben
1 Msp.	Orangenschale, gerieben
40 g	Zucker
100 g	Topfen (Quark), sehr trocken
80 g	Pinoli, geröstet und gehackt
2	Eiweiß
1 Prise	Salz
50 g	Zucker

Weiteres

200 g	Ziehteig oder Blätterteig
1 EL	zerlassene Butter zum Bestreichen
150 g	gedünstete Rhabarberwürfel zum Garnieren
8	Himbeeren zum Garnieren
	Staubzucker zum Bestreuen
	Melisse zum Garnieren

Rhabarber:
etwa 110 Grad
etwa 30 Minuten
etwa 130 Grad
etwa 30 Minuten

Strudel:
etwa 160 Grad
etwa 30 Minuten
etwa 180 Grad
etwa 30 Minuten

Füllung

- Rhabarber schälen und in 5 mm dicke Scheiben schneiden.
- Rhabarber in ein feuerfestes Geschirr geben, mit Zitronen- und Orangenschale sowie Zucker bestreuen.
- Mit Alufolie bedecken und im Backofen garen.
- Topfen glatt rühren, dann Pinoli dazugeben.
- Eiweiß mit Salz anschlagen, mit Zucker zu Eischnee schlagen und unter die Topfenmasse heben.

Fertigstellung

- Ziehteig auf ein gut bemehltes Küchentuch legen, an der Oberfläche gut bestauben und etwas ausrollen. Mit den Handrücken unter den Teig fahren und diesen nach allen Seiten vorsichtig ganz dünn ausziehen.
- Die Topfenmasse auftragen und den Rhabarber ohne Saft darauf verteilen. Die dicken Teigränder wegschneiden. Mithilfe des bemehlten Küchentuches den Teig mit der Füllung einrollen.
- Den Strudel mithilfe des Tuches auf ein mit Butter bestrichenes Backblech rollen.
- Den Strudel mit Butter bestreichen und im vorgeheizten Backofen hellbraun backen.
- Den Rhabarbersaft etwas einkochen lassen und den Strudel damit bestreichen.
- Den Strudel mit Staubzucker bestreuen und mit Rhabarber, Himbeeren und Melisse garniert servieren.

Topfentascherl mit Erdbeeren

FÜR 4 PERSONEN

Topfenfüllung

40 g	weiche Butter
1	Eigelb
30 g	Zucker
1 Msp.	Zitronenschale, gerieben
1 EL	Rum
1 Pkg.	Vanillezucker oder ½ Vanilleschote
150 g	Topfen (Quark), nicht zu nass
1 TL	Speisestärke
2	Eiweiß
1 Prise	Salz
20 g	Zucker

Weiteres

100 g	Ziehteig
100 g	Erdbeeren, in Stücke geschnitten
100 g	Erdbeereis
2 EL	Joghurt zum Garnieren
	Staubzucker zum Bestreuen
4	Minzeherzen zum Garnieren

etwa 160 Grad
etwa 20 Minuten

etwa 180 Grad
etwa 20 Minuten

Topfenfüllung

- Butter mit dem Schneebesen schaumig rühren, Eigelb, Zucker, Zitronenschale, Rum und Vanillezucker unterrühren.
- Topfen und Speisestärke einrühren.
- Eiweiß mit Salz anschlagen, mit Zucker zu Eischnee schlagen und mit einem Kochlöffel unter die Topfenmasse heben.

Fertigstellung

- Ziehteig dünn ausziehen, etwas antrocknen lassen und in 10 x 10 cm große Quadrate schneiden.
- Diese in ausgebutterte Förmchen oder Einwegaluformen legen, sodass der Teig übersteht.
- Die Topfenmasse mit einem Löffel auf den Teig setzen und alles mit dem überstehenden Teig verschließen.
- Die Topfentascherln im vorgeheizten Backofen hellbraun backen.
- Mit Erdbeeren und Erdbeereis anrichten, mit Joghurt und Minze garnieren und mit Staubzucker bestreuen.

VARIATIONEN

Topfentascherl mit Trockenfrüchten: Ergänzen Sie die Füllung durch Trockenfrüchte wie Datteln, Feigen oder Sultaninen.
Topfentascherl mit Äpfeln: Sie können die Topfenfüllung auch mit 50 g Apfelwürfeln vermischen.

TIPPS

1. *Servieren Sie die Topfentascherln mit Schokoladensauce (siehe Seite 50) oder Portwein-Zabaione (siehe Seite 52).*
2. *Bei sehr nassem Topfen empfiehlt es sich, ihn in einem mit einer Stoffserviette ausgelegten Sieb abtropfen zu lassen, sonst wird die Topfenfüllung zu feucht.*

Fröhliche
Weihnachten und
ein glückliches
neues Jahr!

Liebe Abonnentin, lieber Abonnent,

ein ereignisreiches Jahr 2021 neigt sich dem Ende entgegen. Es war mir auch in diesem Jahr ein besonderes Bedürfnis, Sie täglich mit aktuellen Neuigkeiten aus der Heimat zu versorgen. Für Ihre Treue möchte ich mich ganz herzlich bedanken und wünsche Ihnen ein besinnliches Weihnachtsfest sowie alles Gute für das kommende Jahr.

Ihr/e Zeitungszusteller/in*

Märkische Allgemeine

Warmes Schokoladentörtchen

FÜR 4 PERSONEN

Schokoladentörtchen

85 g	Bitterschokolade (Kuvertüre)
80 g	weiche Butter
20 g	Zucker
3	Eigelb
1 EL	Cognac oder Brandy
1 Pkg.	Vanillezucker oder ½ Vanilleschote
30 g	Mehl
20 g	Speisestärke
3	Eiweiß
1 Prise	Salz
20 g	Zucker

Weiteres

	Butter zum Ausstreichen der Formen
	Zucker zum Ausstreuen der Formen
20	Orangenfilets
4	Kugeln Nougateis
	Pistazien zum Bestreuen

etwa 160 Grad
etwa 12 Minuten

etwa 180 Grad
etwa 12 Minuten

Schokoladentörtchen
(siehe auch Umschlagbild)

- Auflaufformen ausbuttern und mit Zucker ausstreuen.
- Schokolade klein schneiden und in einer Schüssel im warmen Wasserbad schmelzen.
- Butter mit Zucker schaumig rühren.
- Eigelb nach und nach einrühren, Cognac, Vanillezucker, Mehl und Speisestärke unterrühren.
- Die nicht zu warme geschmolzene Schokolade in die Butter-Ei-Masse einrühren.
- Eiweiß mit Salz anschlagen, mit Zucker zu Eischnee schlagen und vorsichtig unter die Schokomasse heben.
- Die Förmchen zu drei Vierteln mit der Masse befüllen.
- Im vorgeheizten Backofen backen.

Fertigstellung

- Die Törtchen noch warm auf Teller setzen, eventuell anschneiden.
- Mit Orangenfilets und Nougateis anrichten, mit Pistazien bestreuen und servieren.

TIPPS

1. *In die gebackenen noch heißen Törtchen können Sie ein kleines Stück Bitterschokolade drücken: Die Schokolade schmilzt und fließt beim Anschneiden heraus.*
2. *Servieren Sie die Törtchen mit Bananen- oder Mandarinensalat.*
3. *Zu den Törtchen passt auch Kirsch-, Birnen- oder Pfirsichkompott sowie Vanilleeis.*

Marillenkuchen mit Vanilleeis

FÜR 1 KUCHENFORM (28 CM Ø)
16 STÜCK

Mürbteig

140 g	weiche Butter
70 g	Staubzucker
1 Msp.	Zitronenschale, gerieben
½ Pkg.	Vanillezucker
3	Eigelb
210 g	Mehl
1 Prise	Salz

Füllung

1,5 kg	Marillen (Aprikosen)
50 g	Zucker
1 Msp.	Zitronenschale, gerieben
1 Msp.	Zimt

Weiteres

Butter und Mehl für die Form
geschlagene Sahne
Vanilleeis
Minzeherzen zum Garnieren
Staubzucker und Mandelblättchen zum Bestreuen

etwa 160 Grad
etwa 35 Minuten

etwa 180 Grad
etwa 35 Minuten

Mürbteig

- Butter mit Staubzucker, Zitronenschale und Vanillezucker in einer Schüssel solange vermischen, bis keine Butterstücke mehr zu sehen sind.
- Eigelb zufügen, mit gesiebtem Mehl und Salz zu einem Teig verkneten und etwa 1 Stunde ruhen lassen.
- Den Teig 5 mm dick ausrollen und mit einem glatten Teigrad einen Kreis (34 cm Ø) ausschneiden.
- Teig in die mit Butter ausgestrichene und mit Mehl bestaubte Kuchenform legen, den Teigrand 3 cm hochziehen und mit den Fingern am Rand festdrücken.
- Mit einer Gabel in den Teig einstechen, damit sich beim Backen keine Blasen bilden können.

Füllung

- Marillen entsteinen und vierteln. Mit Zucker, Zitronenschale und Zimt vermischen und in die Form auf den Mürbteig geben.
- Den Kuchen im vorgeheizten Backofen backen.

Fertigstellung

- Den Marillenkuchen in Stücke schneiden, mit Sahne und Vanilleeis anrichten, mit Minze garnieren, mit Mandelblättchen und Staubzucker bestreuen und servieren.

VARIATION

Rhabarberkuchen: Verwenden Sie statt Marillen etwa 800 g geschälten und klein geschnittenen Rhabarber.

TIPPS

1. *Alle Zutaten sollten Zimmertemperatur haben, dann gelingt die Masse leichter und besser.*
2. *Nach dem Backen kann man den Kuchen mit heißer, passierter Marillenmarmelade (Aprikosenmarmelade) bestreichen, dadurch bleibt er länger saftig.*

Orangen-Schokoröllchen

Für 4 Personen

Orangencreme

1 Blatt	Gelatine, eingeweicht
4 EL	Grand Marnier (Orangenlikör)
40 ml	Orangensaft
1 Msp.	Orangenschale, gerieben
80 g	Staubzucker
30 ml	Weißwein
250 ml	geschlagene Sahne

Weiteres

1	Schokoladenroulade (siehe Seite 82)
2	Orangen, filetiert
	Staubzucker zum Bestreuen
	geröstete Kürbiskerne zum Garnieren

Orangencreme

- Gelatine ausdrücken, Grand Marnier in eine Schüssel geben und im warmen Wasserbad erhitzen. Gelatine darin auflösen.
- Orangensaft, Orangenschale, Staubzucker und Weißwein dazugeben, auf 10 Grad abkühlen lassen.
- Sahne vorsichtig unterheben.
- Die Creme etwa 15 Minuten im Kühlschrank stocken lassen.

Fertigstellung

- Die Schokoladenroulade mit der Orangencreme bestreichen, dann einrollen und mindestens 1 Stunde kalt stellen.
- In 4 cm breite Scheiben schneiden.
- Orangenfilets auf Tellern anrichten, die Röllchen dazugeben und mit Staubzucker bestreuen.
- Mit Kürbiskernen garnieren und servieren.

VARIATION

Zitronen-Schokoröllchen: Anstelle von Orangensaft und -schale verwenden Sie Limetten- oder Zitronensaft und -schale.

TIPPS

1. *Statt der Schokoladenroulade können Sie eine Haselnuss- oder Biskuitroulade verwenden.*
2. *Servieren Sie zu den Orangenröllchen ein Joghurteis.*
3. *Anstelle der Orangenfilets können Sie Himbeeren, Erdbeeren, Schwarzbeeren oder Mango verwenden.*

Millefeuille mit Vanillecreme und Himbeeren

FÜR 4 PERSONEN

Vanillecreme

70 ml	Milch
200 ml	Sahne
25 g	Zucker
1 Pkg.	Vanillezucker oder ½ Vanilleschote
1 Msp.	Zitronenschale, gerieben
1 EL	Eierlikör
1 Prise	Salz
6	Eigelb
25 g	Zucker

Millefeuille

200 g	Blätterteig
1 EL	Staubzucker zum Bestreuen

Weiteres

200 g	Himbeeren
200 ml	Himbeerpüree (100 g Himbeeren mit 50 g Staubzucker püriert und passiert)
2 EL	Naturjoghurt zum Garnieren
1 EL	Honig zum Beträufeln

Vanillecreme:
etwa 110 Grad
etwa 25 Minuten

Millefeuille:
etwa 150 Grad
etwa 15 Minuten
etwa 170 Grad
etwa 15 Minuten

Vanillecreme

- Milch, Sahne, Zucker, Vanillezucker, Zitronenschale, Eierlikör und Salz aufkochen.
- Eigelb und Zucker verrühren, heiße Milch dazugeben.
- Bei mäßiger Hitze zur Rose (82 Grad) abziehen, durch ein Sieb seihen und in eine mit Butter ausgestrichene flache Metall- oder Silikonform geben.
- Im vorgeheizten Backofen stocken lassen. Aus dem Ofen nehmen, etwas auskühlen lassen, dann etwa 1 Stunde im Tiefkühlschrank gefrieren lassen.

Millefeuille

- Blätterteig rechteckig 4 mm dick ausrollen. Auf ein mit Backpapier ausgelegtes Blech legen, mit Backpapier abdecken und mit einem zweiten Backblech beschweren. Im vorgeheizten Backofen etwa 15 Minuten backen. Das obere Backblech und das Papier entfernen – der Teig soll goldgelb durchgebacken sein.
- Die gebackene Teigplatte in vier Rechtecke schneiden, mit Staubzucker bestreuen und unter dem Grill vom Ofen oder Salamander karamellisieren.

Fertigstellung

- Die Creme aus der Form stürzen und in vier gleichmäßige Rechtecke schneiden (genauso groß wie die Millefeuille).
- Die Creme mit der Millefeuille belegen und mit Himbeeren garnieren.
- Millefeuille auf Teller setzen, mit Himbeerpüree und Naturjoghurt garnieren.
- Himbeeren vor dem Servieren mit etwas Honig beträufeln.

Bananentiramisu

FÜR 4 PERSONEN, 1 FORM

Biskuitroulade

- ½ Vanilleschote oder 1 Pkg. Vanillezucker
- 4 Eier
- 120 g Zucker
- 1 TL Zitronenschale, fein gerieben
- 1 Prise Salz
- 100 g Mehl
- 30 g Speisestärke

Mascarponecreme

- 1 Eigelb
- 1 Ei
- 70 g Zucker
- 250 g Mascarpone
- 1 TL Rum
- 1 EL Eiermarsala *(vino aromatizzato all'uovo)*
- 60 ml geschlagene Sahne

Weiteres

- 2 Tassen Espresso (etwa 60 ml)
- 2 Bananen, in Scheiben geschnitten
- 1 EL Zitronensaft zum Beträufeln
- 1 EL geröstete Mandelblättchen zum Bestreuen

etwa 180 Grad
etwa 8 Minuten

etwa 200 Grad
etwa 8 Minuten

Biskuitroulade

- Vanilleschote der Länge nach aufschlitzen und mit einem Messer das Mark herausschaben.
- Eier, Zucker, Vanillemark, Zitronenschale und Salz mit dem Handrührgerät schaumig rühren. Mehl und Speisestärke mischen und mit einem Kochlöffel unterheben.
- Den Teig gleichmäßig fingerdick auf das mit Backpapier ausgelegte Backblech geben und sofort im vorgeheizten Backofen backen.
- Ein Küchentuch mit Zucker bestreuen, das heiße Biskuit darauf stürzen, Backpapier abziehen und den Rouladenboden auskühlen lassen.

Mascarponecreme

- Eigelb und Ei mit Zucker schaumig rühren, im warmen Wasserbad bis auf 82 Grad erhitzen, dann kalt rühren.
- Mascarpone, Rum und Eiermarsala unterrühren. Sahne unterheben.

Fertigstellung

- Eine beliebige Form mit der Biskuitroulade auslegen, mit Espresso tränken und mit etwas Mascarponecreme bestreichen.
- Bananen mit Zitronensaft beträufeln und auf der Creme verteilen. Etwas Creme daraufgeben und mit einer weiteren Schicht Biskuitroulade belegen. Wiederum mit Espresso tränken und mit der übrigen Creme bedecken.
- 2 Stunden im Kühlschrank kalt stellen. Vor dem Servieren portionieren und mit Mandelblättchen bestreuen.

TIPPS

1. *Sie können das Bananentiramisu auch mit einer Erdbeersauce servieren.*
2. *Anstelle der Biskuitroulade können Sie Löffelbiskuit verwenden.*

Gefrorene Marzipan-Pistazienlasagnette

FÜR 4 PERSONEN

Pistazieneis

400 ml	Milch
100 ml	Sahne
1 Pkg.	Vanillezucker oder ½ Vanilleschote
1 Prise	Salz
5	Eigelb
110 g	Zucker
60 g	Pistazienpaste oder Pistazien, fein gemahlen

Eingelegte Kumquats

200 g	Kumquats
70 ml	Weißwein
50 g	Zucker
1	Sternanis
½	Vanilleschote, aufgeschlitzt
1 TL	Speisestärke zum Binden

Weiteres

200 g	Rohmarzipan
50 g	zerlassene Bitterschokolade (Kuvertüre)
	Pistazien zum Garnieren
100 ml	Rumsahne (siehe Seite 82)

Kumquat:
etwa 10 Minuten

Pistazieneis

- Milch mit Sahne, Vanillezucker und Salz aufkochen.
- Eigelb mit Zucker schaumig schlagen, kochende Milch langsam dazugeben und bei mäßiger Hitze zur Rose (82 Grad) abziehen.
- Durch ein Sieb seihen, mit der Pistazienpaste vermischen und auskühlen lassen.
- Eismasse in die Eismaschine geben und gefrieren lassen.

Eingelegte Kumquats

- Kumquats waschen und in 2 mm dicke Scheiben schneiden.
- Weißwein, Zucker, Sternanis und Vanilleschote aufkochen lassen.
- Kumquats hineingeben und etwa 10 Minuten leicht kochen lassen.
- Vanilleschote und Sternanis herausnehmen, mit in kaltem Wasser angerührter Speisestärke binden.

Fertigstellung

- Rohmarzipan etwa 3 bis 4 mm dick ausrollen und in vier gleich große Rechtecke schneiden (Größe der Form).
- Marzipanblätter mit Schokolade bestreichen und kalt stellen.
- Wenn die Schokolade fest ist, das erste Marzipanblatt in eine rechteckige Form legen, Pistazieneis daraufgeben und mit einem weiteren Marzipanblatt belegen. Diesen Vorgang wiederholen, bis Marzipanblätter und Eis aufgebraucht sind.
- Lasagnette im Tiefkühlfach etwa 1 Stunde tiefkühlen, dann in vier Portionen schneiden, mit Pistazien, Rumsahne und Kumquats garnieren und servieren.

TIPPS

1. *Sie können die Marzipan-Pistazienlasagnette auch mit einer Erdbeersauce servieren.*
2. *Anstelle des Marzipans können Sie eine Biskuitroulade (siehe Seite 46) verwenden, wobei Sie anstelle der Speisestärke Kakaopulver verwenden.*

Brandteigkrapfen mit Schokoladensauce

Für 4 Personen

Brandteig

60 ml	Wasser
60 ml	Milch
50 g	Butter
1 Prise	Salz
1 TL	Zucker
80 g	Mehl
2	Eier

Schokoladensauce

30 g	Kakaopulver
125 ml	Wasser
90 g	Zucker
1 EL	kalte Butter
2 EL	Sahne

Weiteres

	Backfett
	Staubzucker zum Bestreuen
12	Schokoladenblätter oder Schokoladenspäne zum Garnieren
50 ml	geschlagene Sahne zum Garnieren
8	Minzeherzen zum Garnieren

etwa 180 Grad
etwa 8 Minuten

Brandteig

- Wasser, Milch, Butter, Salz und Zucker in einem Topf kurz aufkochen lassen.
- Mehl auf einmal dazugeben und mit einem Kochlöffel den Teig bei mittlerer Hitze kräftig rühren, bis er sich vom Topfboden löst.
- Auf dem Boden muss ein weißlicher Belag sichtbar sein.
- Den Topf vom Herd nehmen und den Teig in eine Schüssel schütten.
- Etwas auskühlen lassen, dann Eier nach und nach unterrühren (das nächste Ei immer erst dazugeben, wenn sich das vorherige mit dem Teig gut verbunden hat).

Schokoladensauce

- Kakaopulver, Wasser und Zucker verrühren und etwa 10 Minuten kochen lassen. Sauce mit kalter Butter und Sahne binden und bereitstellen.

Fertigstellung

- Den Brandteig in einen Spritzsack mit Lochtülle füllen.
- Auf Backpapier Rosetten (Brandteigkrapfen) aufspritzen und in heißem Backfett ausbacken.
- Die Brandteigkrapfen mit Staubzucker bestreuen und auf die Schokoladensauce setzen, mit Schokoladenblättern, Sahne und Minze garniert servieren.

Variation

Profiteroles: Kleine Profiteroles (Brandteigkrapfen) im Backofen bei 200 Grad backen. Diese durch ein Loch an der Unterseite, mithilfe eines Spritzsacks mit kleiner Tülle, mit Vanillecreme (siehe Seite 44), Kaffeemousse oder gezuckerter, geschlagener Sahne füllen, eventuell mit einer Schokoladenglasur überziehen oder mit Schokoladensauce servieren.

Feigenküchlein mit Portwein-Zabaione

FÜR 4 PERSONEN

Zutaten

4	Feigen
1/2	Zitrone, Saft

Backteig

125 g	Mehl
125 ml	Milch oder Bier
2	Eigelb
1 Pkg.	Vanillezucker oder 1/2 Vanilleschote
1 EL	Olivenöl
2	Eiweiß
1 EL	Zucker
1 Prise	Salz

Portwein-Zabaione

1	Eigelb
1 EL	Zucker
50 ml	roter Portwein

Weiteres

	Backfett
4 EL	Zimtzucker zum Wälzen
	Staubzucker zum Bestreuen
	Vanilleschote zum Garnieren
	Waldmeister zum Garnieren

Feigenküchlein:
etwa 180 Grad
etwa 3 Minuten

Portwein-Zabaione:
etwa 3 Minuten

Zubereitung

- Feigen waschen, die Haut abziehen, mit Zitronensaft beträufeln und 10 Minuten ziehen lassen.

Backteig

- Mehl in eine Schüssel geben.
- Milch, Eigelb, Vanillezucker und Olivenöl verrühren und zusammen mit dem Mehl zu einem glatten Teig verrühren.
- Eigelb, Vanillezucker und Olivenöl einrühren.
- Eiweiß mit Salz aufschlagen, mit Zucker zu Eischnee schlagen und unter den Backteig ziehen.

Portwein-Zabaione

- In einer Stahlschüssel, Eigelb, Zucker und Portwein vermischen.
- Im warmen Wasserbad auf 82 Grad schaumig schlagen, bis die Zabaione schön cremig ist.

Fertigstellung

- Feigen mit der Gabel in den Backteig tauchen und im heißen Backfett schwimmend hellbraun backen.
- Auf Küchenkrepp abtropfen lassen und in Zimtzucker wälzen.
- Feigenküchlein halbieren, auf Portwein-Zabaione anrichten, mit Staubzucker bestreuen, mit Vanilleschote und Waldmeister garnieren und servieren.

VARIATION

Kakiküchlein: Anstelle der Feigen verwenden Sie Apfelkakischeiben (Sharonfrucht) .

TIPPS

1. *Die Feigenküchlein können Sie auch mit Vanille- oder Zimtsauce und Zimtcremeeis servieren.*
2. *Statt Feigen können Sie auch andere Früchte wie Erdbeeren, Äpfel oder Birnen verwenden.*

Gebackene Milchreispralinen

Für 4 Personen

Gebackene Milchreispralinen

1 l	Milch
1 Prise	Salz
50 g	Sultaninen
1 Msp.	Zitronenschale, gerieben
1	Zimtrinde, kleines Stück
2	Gewürznelken
20 g	Butter
200 g	Rundkornreis (Arborio oder Carnaroli)
2 EL	Zucker

Weiteres

2 EL	Mehl zum Panieren
1	Ei zum Panieren
100 g	Weißbrot, grob gerieben oder Toastbrot zum Panieren
	Backfett
4 EL	Mangopüree
160 g	Himbeeren
	Minzeherzen zum Garnieren
	Staubzucker zum Bestreuen

Milchreis:
etwa 30 Minuten

Milchreiskugeln:
etwa 170 Grad
etwa 3 Minuten

Gebackene Milchreispralinen

- Milch mit Salz, Sultaninen, Zitronenschale, Zimtrinde, Gewürznelken und Butter erwärmen.
- Reis mit Zucker dazugeben und zum Kochen bringen.
- Unter zeitweiligem Umrühren weich kochen lassen.
- Den Reis etwa 1 Stunde im Kühlschrank erkalten lassen, kleine Kugeln formen und diese in Mehl, Ei und Weißbrotbröseln wenden.
- Panierte Reispralinen in heißem Fett backen.

Fertigstellung

- Die gebackenen Milchreispralinen auf Mangopüree anrichten, mit Himbeeren, Minze und Staubzucker garnieren und servieren.

TIPPS

1. *Anstelle der Sultaninen können Sie getrocknete Marillen, Feigen oder Pflaumen verwenden.*
2. *Sie können den Milchreis auch ohne Sultaninen zubereiten.*
3. *Zu den gebackenen Milchreispralinen passen auch Preiselbeer- oder Apfelkompott oder marinierte Beeren.*

Pfirsichcarpaccio mit Buttermilcheis

Für 4 Personen

Pfirsichcarpaccio

4	reife Pfirsiche
80 ml	Läuterzucker (50 ml Wasser und 30 g Zucker aufkochen)
2 EL	Weißwein
2 EL	Pfirsichlikör
1 Spritzer	Zitronensaft

Buttermilcheis

125 ml	Buttermilch
50 g	Staubzucker
1 EL	Rum oder Grand Marnier (Orangenlikör)
125 ml	Sahne

Weiteres
Minze oder Zitronenmelisse zum Garnieren
geröstete Mandelblättchen zum Garnieren

Pfirsichcarpaccio

- Pfirsiche waschen, halbieren und den Kern herausnehmen.
- Mit der Aufschnittmaschine oder einem scharfen Messer in dünne Scheiben schneiden.
- Pfirsichscheiben mit Läuterzucker, Weißwein, Pfirsichlikör und Zitronensaft marinieren.

Buttermilcheis

- Buttermilch, Staubzucker, Likör und Sahne vermischen und in der Eismaschine gefrieren lassen.

Fertigstellung

- Das Pfirsichcarpaccio in tiefen Tellern anrichten.
- Buttermilcheis daraufgeben, mit Minze und Mandelblättchen garnieren und servieren.

TIPPS

1. *Wenn Kinder mitessen, lassen Sie den Alkohol einfach weg.*
2. *Anstelle der Pfirsiche können Sie Mangos oder Papayas verwenden.*
3. *Sie können das Pfirsichcarpaccio auch mit einem Dessertwein marinieren.*
4. *Statt Buttermilch können Sie auch Naturjoghurt, Sauerrahm oder Frischkäse verwenden.*

Ananasravioli mit Kokosnussmousse

FÜR 4 PERSONEN

Kokosnussmousse

2 Blatt	Gelatine, eingeweicht
100 g	Kokosnussmark
2 EL	Zitronensaft
200 ml	geschlagene Sahne
2	Eiweiß
40 g	Zucker

Weiteres

30 g	Honig
2 EL	Zitronensaft
16	dünne Ananasscheiben
200 g	Himbeeren
1 EL	geröstete Kokosflocken zum Garnieren
	Minze, in Streifen geschnitten, zum Garnieren

Kokosnussmousse

- Gelatine ausdrücken und in einer Schüssel im warmen Wasserbad auflösen.
- Aufgelöste Gelatine mit Kokosnussmark und Zitronensaft kräftig verrühren.
- Sahne unterrühren.
- Eiweiß mit Zucker zu Eischnee schlagen und unter die Kokosnussmasse heben.
- Die Mousse in ein flaches Geschirr füllen, mit Klarsichtfolie abdecken und etwa 2 Stunden in den Kühlschrank stellen.

Fertigstellung

- Honig und Zitronensaft verrühren, die Ananasscheiben darin 10 Minuten marinieren.
- Marinierte Ananasscheiben etwas abtropfen lassen, mit Kokosnussmousse füllen, zu Ravioli zusammenfalten und auf Tellern anrichten.
- Mit Honigmarinade übergießen, mit halbierten Himbeeren, Kokosflocken und Minzestreifen garnieren und servieren.

TIPPS

1. *Sie können aus der Mousse auch mit einem Esslöffel oder Eisportionierer Nocken formen und diese mit Fruchtsaucen servieren.*
2. *Zum Garnieren eignen sich Beeren und Fruchtsaucen.*
3. *Anstelle der Ananas können Sie auch Mango oder Papaya verwenden.*

Sauerrahmmousse mit Champagnergelee und Walderdbeeren

FÜR 4 PERSONEN

Sauerrahmmousse

100 ml	Naturjoghurt
50 g	Sauerrahm
20 g	Staubzucker
1 ½ Blatt	Gelatine, eingeweicht
1 EL	Kirschlikör
1 EL	Zitronensaft
1	Eiweiß
1 EL	Zucker
80 ml	angeschlagene Sahne

Champagnergelee

2 Blatt	Gelatine, eingeweicht
250 ml	Champagner oder Sekt

Joghurtschaum

50 ml	Naturjoghurt
50 ml	Milch

Weiteres

200 g	Walderdbeeren
1 EL	Minze, in feine Streifen geschnitten, zum Garnieren
4	Minzeherzen zum Garnieren

Sauerrahmmousse

- Naturjoghurt, Sauerrahm und Staubzucker verrühren.
- Gelatine ausdrücken, mit Kirschlikör und Zitronensaft in einer Schüssel im warmen Wasserbad auflösen.
- Aufgelöste Gelatine mit dem Schneebesen kräftig unter die Joghurt-Sauerrahm-Masse rühren.
- Eiweiß mit Zucker zu einem cremigen Eischnee schlagen.
- Sobald die Gelatine anzieht, Sahne und Eischnee abwechselnd unter die Joghurt-Sauerrahm-Masse heben.
- Die Mousse in tiefe Teller füllen und im Kühlschrank mindestens 1 Stunde kalt stellen.

Champagnergelee

- Gelatine ausdrücken und mit einem Esslöffel Champagner in einer Schüssel im warmen Wasserbad auflösen.
- Restlichen Champagner dazugeben, gut vermischen und im Kühlschrank mindestens 1 Stunde kalt stellen.

Joghurtschaum

- Joghurt und Milch mit dem Pürierstab aufschäumen.

Fertigstellung

- Champagnergelee auf die Sauerrahmmousse geben und im Kühlschrank etwas stocken lassen.
- Mit Walderdbeeren belegen, mit Minze und Joghurtschaum garnieren und servieren.

TIPPS

1. *Sie können die Sauerrahmmousse auch in eine Form füllen und Nocken abstechen.*
2. *Zum Garnieren eignen sich auch Himbeeren und Schwarzbeeren.*
3. *Servieren Sie ein Erdbeer- oder Minzsorbet dazu.*

Vanilleespuma auf Rotweinkirschen

FÜR 4 PERSONEN

Vanilleespuma

½	Vanilleschote oder 1 Pkg. Vanillezucker
100 ml	Sahne
50 ml	Milch
2	Eigelb
30 g	Zucker
1 Msp.	Zimt
2	Sahnekapseln

Rotweinkirschen

200 ml	Rotwein
3 EL	Portwein
50 g	Zucker
1	kleines Stück Zitronenschale
1	kleines Stück Orangenschale
1	Gewürznelke
1	kleines Stück Zimtrinde
400 g	Kirschen, entsteint

Weiteres

1 EL	geröstete Mandelblättchen

Kirschen:
etwa 5 Minuten

Vanilleespuma
(siehe vordere Umschlag-Innenseite)

- Vanilleschote der Länge nach aufschlitzen und mit einem Messer das Mark herausschaben.
- Sahne und Milch mit Vanillemark erhitzen.
- In einer Schüssel Eigelb, Zucker und Zimt mit dem Schneebesen gut verrühren.
- Unter ständigem Rühren die kochend heiße Sahne-Milch-Mischung dazugießen, bei mäßiger Hitze zur Rose (82 Grad) abziehen – die Masse darf nicht kochen.
- Von der Kochstelle nehmen und durch ein feines Sieb passieren.
- Die Creme in eine Espumaflasche füllen. Den Spender mit zwei Sahnekapseln versetzen und bis zum Gebrauch etwa 2 Stunden in den Kühlschrank stellen.

Rotweinkirschen

- Rotwein auf ein Drittel einkochen lassen.
- Portwein, Zucker, Zitronen- und Orangenschale, Gewürznelke und Zimtrinde dazugeben und nochmals aufkochen lassen.
- Kirschen dazugeben, einige Minuten ziehen und dann auskühlen lassen.

Fertigstellung

- Kirschen auf Tellern anrichten und mit Vanilleespuma und Mandeln garniert servieren.

TIPPS

1. *Sie können die Vanilleespuma auch mit Orangen- oder Mandarinensalat servieren.*
2. *Anstelle von Kirschen können Sie Zwetschgen, Trauben oder Erdbeeren verwenden.*
3. *Sie können die Kirschen auch mit Vanille- oder Zitroneneis servieren.*
4. *Verfeinern Sie die Kirschen mit etwas Lakritze.*

Kaffeeschaum mit Melone und Honighippe

FÜR 4 PERSONEN

Kaffeeschaum

½	Vanilleschote oder 1 Pkg. Vanillezucker
170 ml	kalter Espresso
80 ml	Sahne
50 g	Zucker
1 ½ Blatt	Gelatine, eingeweicht und aufgelöst
2	Sahnekapseln

Melonen

400 g	Melone
3 EL	Portwein, Weißwein oder Sekt
1 Spritzer	Zitronensaft
2 EL	Orangensaft
50 g	Zucker

Honighippen

60 g	Butter
30 g	Honig
20 ml	Wasser
75 g	Staubzucker
35 g	Mehl

Weiteres

1 EL	Schokostreusel

etwa 180 Grad
etwa 4 Minuten

etwa 200 Grad
etwa 4 Minuten

Kaffeeschaum

- Vanilleschote der Länge nach aufschlitzen, mit einem Messer das Mark herausschaben und zum Espresso geben.
- Sahne, Zucker und Gelatine dazugeben und mit dem Schneebesen gut verrühren.
- Alles in eine Espumaflasche füllen. Den Spender mit zwei Sahnekapseln versetzen und bis zum Gebrauch 2 Stunden in den Kühlschrank stellen.

Melone

- Melone schälen, entkernen und mit einem Kugelausstecher kleine Kugeln ausstechen (siehe Seite 9). Den Rest der Melone mit Portwein, Zitronensaft, Orangensaft und Zucker fein mixen und zu den Melonenkugeln geben.

Honighippen

- Butter mit Honig schmelzen lassen, Wasser dazugeben.
- Staubzucker und Mehl einrühren, kurz aufkochen lassen, gleich wieder vom Herd nehmen und auskühlen lassen (etwa 30 Minuten).
- Die Hippenmasse auf ein mit Backpapier ausgelegtes Backblech mithilfe eines Löffels oder einer Schablone aufstreichen (siehe Seite 19) und backen.
- Erkalten lassen, vom Backpapier lösen und bis zur Weiterverwendung trocken aufbewahren.

Fertigstellung

- Melonenkugeln in Schüsseln oder tiefen Tellern anrichten, mit Kaffeeschaum, Honighippen und Schokostreuseln garnieren und servieren.

TIPPS

1. *Sie können den Kaffeeschaum auch mit Orangen- oder Mandarinensalat servieren.*
2. *Anstelle von Melonen können Sie Erdbeeren, Himbeeren, Mangos oder Papayas verwenden.*

Holunderespuma mit Erdbeeren

FÜR 4 PERSONEN

Holunderespuma

100 ml	Champagner oder Sekt
150 ml	Holundersirup
100 ml	Sahne
1 1/2 Blatt	Gelatine, eingeweicht und aufgelöst
2	Sahnekapseln

Erdbeersalat

400 g	Erdbeeren
50 g	Zucker
1 EL	Erdbeerlikör
1 EL	Zitronensaft

Weiteres

1 EL	Holunderblüten zum Garnieren

Holunderespuma

- Champagner, Holundersirup, Sahne und Gelatine vermischen und mit dem Schneebesen gut verrühren.
- Alles in eine Espumaflasche füllen.
- Den Spender mit zwei Sahnekapseln versetzen und bis zum Gebrauch 2 Stunden in den Kühlschrank stellen.

Erdbeersalat

- Erdbeeren waschen, in Stücke schneiden und mit Zucker, Erdbeerlikör und Zitronensaft vermischen.

Fertigstellung

- Erdbeersalat in Gläser füllen und mit Holunderespuma und Holunderblüten garniert servieren.

VARIATIONEN

Himbeer- oder Melissenespuma: Nehmen Sie hierfür statt des Holundersirups Himbeer- oder Melissensirup.
Fichtensprossenespuma: Ersetzen Sie den Holundersirup durch Fichtensprossensirup.

TIPPS

1. *Sie können Holunderespuma auch mit Waldfrüchten und Honighippen (siehe Seite 64) servieren.*
2. *Statt des Erdbeerlikörs können Sie auch Kirschlikör oder Grand Marnier (Orangenlikör) verwenden.*
3. *Zur Holunderespuma passt auch ein Kokos- oder Erdbeereis.*

Grapefruitespuma mit Zitrusfrüchten und Blätterteigstange

FÜR 4 PERSONEN

Grapefruitespuma

100 ml	Champagner oder Sekt
130 ml	rosa Grapefruitsaft, passiert
80 g	Staubzucker
100 ml	Sahne
2 Blatt	Gelatine, eingeweicht und aufgelöst
2	Sahnekapseln

Blätterteigstangen

100 g	Blätterteig
1	Ei zum Bestreichen
40 g	Haselnüsse, grob gehackt
1 EL	Zucker
1 Msp.	Zimt

Zitrusfrüchte

1	Orange
1	Grapefruit
50 g	Zucker
1 EL	Limoncello oder Maraschino

Weiteres

1 EL	Zitronenschale zum Garnieren
1 EL	Pistazien, gehackt, zum Garnieren

etwa 160 Grad
etwa 10 Minuten

etwa 180 Grad
etwa 10 Minuten

Grapefruitespuma

- Champagner, rosa Grapefruitsaft, Staubzucker, Sahne und Gelatine vermischen und mit dem Schneebesen gut verrühren.
- Alles in eine Espumaflasche füllen. Den Spender mit zwei Sahnekapseln versetzen und im Kühlschrank mindestens 2 Stunden kalt stellen.

Blätterteigstangen

- Den Blätterteig der Länge nach etwa 4 mm dick ausrollen.
- Mit verrührtem Ei bestreichen.
- Haselnüsse, Zucker und Zimt mischen, auf den Blätterteig streuen und etwas andrücken.
- Mit dem Krapfenrad Streifen (14 x 2 cm Länge) abschneiden.
- Diese spiralförmig um die Längsachse drehen, auf das mit Backpapier ausgelegte Backblech legen und backen.

Zitrusfrüchte

- Orange und Grapefruit schälen und filetieren, mit Zucker und Limoncello vermischen.

Fertigstellung

- Zitrusfrüchte in tiefe Teller geben, Grapefruitespuma und Blätterteigstangen darauf anrichten und mit Zitronenschale und Pistazien garniert servieren.

TIPPS

1. *Zu dieser Espuma können Sie auch Erdbeersalat (siehe Seite 66) oder Himbeeren servieren.*
2. *Anstelle der Blätterteigstangen können Sie auch Löffelbiskuit oder Honighippen (siehe Seite 64) servieren.*
3. *Statt des Grapefruitsafts können Sie Zitronen-, Mandarinen- oder Orangensaft verwenden.*

Grießflammeri mit Marillenröster

FÜR 4 PERSONEN

Grießflammeri

½	Vanilleschote oder 1 Pkg. Vanillezucker
200 ml	Milch
1 Prise	Salz
1 Msp.	Zitronenschale, gerieben
1 Msp.	Orangenschale, gerieben
35 g	mittelfeiner Weizengrieß
40 g	Zucker
1½ Blatt	Gelatine, eingeweicht
1 EL	Grand Marnier (Orangenlikör)
200 ml	Sahne

Eischnee

2	Eiweiß
60 g	Zucker

Marillenröster

300 g	Marillen (Aprikosen)
50 g	Zucker
100 ml	Weißwein
1	Zimtstange
1	Sternanis

Weiteres

1 EL	Naturjoghurt zum Garnieren

Grießmasse: etwa 10 Minuten

Marillenröster: etwa 6 Minuten

Grießflammeri

- Vanilleschote der Länge nach aufschlitzen und mit einem Messer das Mark herausschaben.
- Milch mit Salz, Zitronenschale, Orangenschale und Vanillemark in einen Topf geben und aufkochen lassen.
- Weizengrieß unter ständigem Rühren mit dem Schneebesen in die kochende Milch geben und auf kleiner Flamme 10 Minuten kochen.
- Den Topf vom Herd nehmen und leicht auskühlen lassen, dann Zucker einrühren.
- Gelatineblätter ausdrücken. Grand Marnier in einen Topf geben, im warmen Wasserbad erhitzen und die Gelatine darin auflösen. Dann zur Grießcreme geben.
- Sahne steif schlagen und nach und nach unter die Grießcreme heben.
- In kalt ausgespülte Auflaufformen füllen und im Kühlschrank mindestens 2 Stunden kalt stellen, bis der Grießflammeri fest ist.

Eischnee

- Eiweiß mit Zucker zu Eischnee schlagen, Grießflammeri aus den Formen auf Teller stürzen, Eischnee mit einem Spritzsack mit Lochtülle auf den Grießflammeri spritzen und mit einem Bunsenbrenner abflämmen.

Marillenröster

- Marillen waschen, halbieren und entsteinen.
- Zucker karamellisieren, mit Weißwein ablöschen, Marillen, Zimtstange und Sternanis dazugeben und weich kochen.

Fertigstellung

- Marillenröster auf Teller rund um den Flammeri anrichten, mit Joghurt garnieren und servieren.

TIPPS

1. *Sie können zum Grießflammeri Schwarz- oder Johannisbeeren servieren.*
2. *Statt Weizengrieß können Sie Couscous oder gemahlenen Grünkern verwenden.*

Topfen-Ingwersoufflé mit Papaya

FÜR 4 PERSONEN

Zutaten

150 g	Topfen (Quark)
3	Eigelb
1 TL	Speisestärke
1 Msp.	Zitronenschale, gerieben
½ TL	Ingwer, gerieben
1 Msp.	Vanillemark
1 EL	Rum
2	Eiweiß
1 Prise	Salz
30 g	Zucker

Marinierte Papayawürfel

400 g	Papaya
1 EL	Staubzucker
2 EL	Zitronensaft

Weiteres

Butter zum Ausstreichen der Formen

Zucker zum Ausstreuen der Formen

Minzeherzen zum Garnieren

etwa 180 Grad

etwa 20 Minuten

Zubereitung

- Topfen glatt rühren, Eigelb und Speisestärke dazugeben, mit Zitronenschale, Ingwer, Vanillemark und Rum abschmecken.
- Eiweiß mit Salz aufschlagen, mit Zucker zu Eischnee schlagen und vorsichtig unter die Soufflémasse heben.
- Die Masse in gebutterte und mit Zucker ausgestreute Formen drei Viertel voll einfüllen.
- Einen niederen Topf mit Backpapier auslegen, dann zwei Finger hoch heißes Wasser einfüllen, die Förmchen hineinstellen und im vorgeheizten Backofen backen.

Marinierte Papayawürfel

- Papaya schälen, halbieren und entkernen.
- In Würfel schneiden und mit Staubzucker und Zitronensaft vermengen.

Fertigstellung

- Marinierte Papayawürfel auf Tellern anrichten.
- Die Topfen-Ingwersoufflés auf die Papayawürfel stürzen, mit Minze garnieren und servieren.

TIPPS

1. *Anstelle der Papayawürfel können Sie Marillenröster (siehe Seite 70) servieren.*
2. *Sie können das Soufflé auch ohne Ingwer zubereiten.*

Gratinierte Zwetschgenröster

FÜR 4 PERSONEN

Zwetschgenröster

400 g	Zwetschgen
50 g	Gelierzucker
80 ml	Rotwein
1	Zimtstange
1	Sternanis

Meringenmasse

100 g	Eiweiß
150 g	Staubzucker
1 Prise	Salz

Weiteres

Staubzucker zum Bestreuen

Minzeherzen zum Garnieren

etwa 230 Grad

etwa 5 Minuten

Zwetschgenröster

- Zwetschgen waschen, halbieren und entsteinen.
- Gelierzucker mit Rotwein aufkochen.
- Zwetschgen, Zimtstange und Sternanis dazugeben und weich kochen.

Meringenmasse

- Eiweiß mit Staubzucker im warmen Wasserbad erwärmen (bis höchstens 50 Grad), bis sich der Zucker aufgelöst hat.
- Mit Salz zu Eischnee schlagen.

Fertigstellung

- Zwetschgenröster in tiefe Teller geben, mit Meringenmasse bestreichen oder Masse mit dem Spritzsack aufspritzen und im Backofen bei starker Oberhitze oder mithilfe eines Bunsenbrenners überbacken.
- Mit Staubzucker bestreuen und mit Minze garniert servieren.

VARIATIONEN

Gratinierte Orangenfilets: Statt der Zwetschgen verwenden Sie Orangenfilets.
Gratinierter Pfirsich: Statt der Zwetschgen verwenden Sie Pfirsichspalten.
Gratinierte Kirschen: Statt der Zwetschgen verwenden Sie Kirschen.

TIPPS

1. *Als Beigabe können Sie auch Honighippen (siehe Seite 64), Amarettikekse oder Crostoli servieren.*
2. *Reichen Sie dazu Vanille- oder Zimteis.*

Palatschinken mit Apfellikörcreme

FÜR 4 PERSONEN, 8 STÜCK

Palatschinkenteig

- 100 g Mehl
- 100 ml Milch
- 1 EL Zucker
- 1 Prise Salz
- 2 Eier
- Butter zum Backen

Apfellikörcreme

- 130 ml Sahne
- 2 Eiweiß
- 60 g Zucker
- 3 EL Apfellikör oder Calvados
- 1½ Blatt Gelatine, eingeweicht und aufgelöst

Karamellisierte Äpfel

- 2 Äpfel, geschält
- 1 EL Butter
- 2 EL Zucker
- 1 Msp. Zimt
- 2 EL Weißwein

Weiteres

- 100 g Walderdbeeren zum Garnieren
- Staubzucker zum Bestreuen

Palatschinken: etwa 2 Minuten

Karamellisierte Äpfel: etwa 5 Minuten

Palatschinkenteig

- Mehl mit Milch glatt rühren, Zucker, Salz und Eier unterrühren.
- In einer Stielpfanne etwas Butter erhitzen, etwas Teig hineingeben, dabei die Pfanne so bewegen, dass der Teig gleichmäßig verlaufen kann. Palatschinken auf beiden Seiten backen. So verfahren, bis der Teig aufgebraucht ist.

Apfellikörcreme

- Sahne in einer Schüssel aufschlagen.
- Eiweiß mit Zucker zu steifem Eischnee schlagen.
- Sahne mit Apfellikör, Gelatine und Eischnee locker verrühren, abdecken und mindestens 1 Stunde kalt stellen.
- Palatschinken mit der gestockten Apfellikörcreme bestreichen und vorsichtig einschlagen.
- Bis zum Servieren zugedeckt mindestens 1 Stunde in den Kühlschrank stellen.

Karamellisierte Äpfel

- Äpfel halbieren, das Kerngehäuse entfernen und in Spalten schneiden.
- Butter schmelzen, Zucker darin karamellisieren, Zimt und Apfelspalten dazugeben, mit Weißwein ablöschen und 5 Minuten weich dünsten lassen. Sollte die Flüssigkeit zu stark einkochen, einfach etwas Wasser nachgießen.

Fertigstellung

- Palatschinken in der Mitte durchschneiden, auf den warmen karamellisierten Äpfeln anrichten, mit Walderdbeeren garnieren, mit Staubzucker bestreuen und servieren.

TIPPS

1. *Servieren Sie zu den Palatschinken statt Apfelspalten frisch marinierte Erdbeeren oder Orangenkompott.*
2. *Die Palatschinken können Sie auch nur mit karamellisierten Äpfeln füllen.*

Nougatbirne mit Haselnussmousse

4 PERSONEN

Schokoladenmantel

80 g	Bitterschokolade (Kuvertüre)

Haselnussmousse

80 g	Nougatschokolade oder weiße Schokolade (Kuvertüre)
1	Ei
30 g	geröstete Haselnüsse, gerieben
150 ml	geschlagene Sahne

Rumsauce

2	Eigelb
30 g	Zucker
125 ml	Milch
1 EL	Rum
4 EL	geschlagene Sahne

Weiteres

4	gekochte Birnenhälften
50 g	karamellisierte Haselnüsse zum Garnieren
	Schokoladenspäne zum Garnieren
	Staubzucker zum Bestreuen

Schokoladenmantel

- Schokolade in eine Schüssel geben und im warmen Wasserbad langsam schmelzen lassen.
- Das Wasserbad darf nicht zu heiß sein, und es dürfen keine Wassertropfen in die Bitterschokolade kommen, ansonsten wird sie klumpig. Die Schokolade sollte eine Temperatur von 37 Grad haben; auf den Lippen sollte sie sich kalt anfühlen.
- Aus einer dicken Plastikfolie etwa 25 cm lange und 3 cm breite Streifen schneiden.
- Folienstreifen mit der Bitterschokolade dünn bestreichen, um die gekochte Birnenhälfte legen und in den Kühlschrank stellen.

Haselnussmousse

- Nougatschokolade in einer Schüssel im warmen Wasserbad langsam schmelzen lassen.
- Sobald die Schokolade geschmolzen ist, mit einem Kochlöffel glatt rühren.
- Ei unterrühren, Haselnüsse dazugeben und mit einem Schneebesen verrühren.
- Sahne schnell unterheben, bis die Masse glatt ist.
- Sofort in die Birnenhälften füllen und mindestens 2 Stunden kalt stellen.

Rumsauce

- Eigelb mit Zucker schaumig schlagen.
- Milch zum Kochen bringen, zur Eigelbmasse geben und bei mäßiger Hitze zur Rose abziehen (82 Grad) – die Masse darf nicht kochen.
- Sauce etwas auskühlen lassen, Rum dazugeben und Sahne unterheben.

Fertigstellung

- Nougatbirnen mit der Rumsauce auf Tellern anrichten, mit Haselnüssen und Schokoladenspänen garnieren, mit Staubzucker bestreuen und servieren.

Geeister Honig-Schokoladentrüffel auf Orangensalat

FÜR 4 PERSONEN

Honig-Schokoladentrüffel

- 3 Eigelb
- 1 Ei
- 80 g Waldhonig
- 1 Msp. Zitronen- oder Orangenschale, gerieben
- 2 EL Rum
- 300 ml geschlagene Sahne
- 2 EL weiße Schokolade (Kuvertüre), gerieben
- 2 EL Marillenmarmelade (Aprikosen)
- 50 g geröstete Haselnüsse, gehackt

Orangensalat

- 4 Orangen
- 1 EL Basilikum, in Streifen geschnitten, zum Garnieren
- 1 TL Tasmanischer Pfeffer oder schwarzer Pfeffer aus der Mühle zum Bestreuen
- 1 TL Olivenöl zum Garnieren

Honig-Schokoladentrüffel

- Eigelb und Ei mit Waldhonig in einer Rührschüssel im warmen Wasserbad schaumig schlagen und bis auf 82 Grad erhitzen.
- Zitronenschale und Rum dazugeben und kalt rühren.
- Sahne und Schokolade unterheben.
- Die Masse in Halbkugelformen aus Kunststoff (etwa 6 cm Ø) füllen und etwa 3 Stunden gefrieren lassen.
- Das Halbgefrorene aus den Formen lösen, die glatte Fläche mit der Marmelade bestreichen und immer zwei Halbkugeln zusammensetzen, in den Haselnüssen wälzen und wieder in das Gefrierfach stellen.

Orangensalat

- Orangen so schälen, dass die weiße Haut ganz entfernt wird.
- Zum Filetieren Orangenfilets mit einem dünnen Messer einzeln aus den Häuten lösen oder in Scheiben schneiden.

Fertigstellung

- Orangenfilets auf Teller legen, mit Basilikumstreifen und Tasmanischem Pfeffer bestreuen.
- Die Honig-Schokoladentrüffel daraufsetzen, mit einigen Tropfen Olivenöl garnieren und servieren.

TIPPS

1. *Statt Waldhonig können Sie auch Löwenzahn- oder Fichtensirup verwenden.*
2. *Sie können auch andere Früchte, wie Erdbeeren oder Himbeeren, dazu servieren.*
3. *Die Halbkugelformen aus Kunststoff erhalten Sie im Papierhandel oder im Bastelgeschäft.*
4. *Sie können auch Silikon-Halbkugelmatten verwenden.*

Sacher-Halbgefrorenes mit Rumsahne

FÜR 1 KASTENFORM

Schokoladenroulade

3	Eier
30 g	Zucker
60 g	Mehl
15 g	Schokoladenpulver
1 Pkg.	Vanillezucker oder ½ Vanilleschote
1 Msp.	Zimt
1 Msp.	Zitronenschale, fein gerieben
	Zucker zum Bestreuen

Sacher-Halbgefrorenes

3	Eigelb
1	Ei
50 g	Zucker
1 EL	Rum
80 g	flüssige Bitterschokolade (Kuvertüre)
2 EL	Mandeln, gerieben
1 Msp.	Zimt
1 Pkg.	Vanillezucker
250 ml	geschlagene Sahne

Schokoladenglasur

80 g	weiche Butter
100 g	flüssige Bitterschokolade (Kuvertüre)
40 g	flüssiger Nougat

Weiteres

	Marillenmarmelade (Aprikosenmarmelade) zum Bestreichen
4 EL	Rumsahne (100 ml geschlagene Sahne mit 1 EL Staubzucker und 1 EL Rum vermischen)
1 EL	Schokoladenraspeln zum Garnieren

etwa 180 Grad — etwa 6 Minuten

etwa 200 Grad — etwa 6 Minuten

Schokoladenroulade

- Eier und Zucker mit dem Handrührgerät schaumig rühren.
- Mehl und Schokoladenpulver mischen und mit Vanillezucker, Zimt und Zitronenschale rasch unterheben.
- Das Backblech mit Backpapier belegen, die Masse gleichmäßig fingerdick auftragen und sofort im vorgeheizten Backofen backen.
- Ein Küchentuch mit Zucker bestreuen, Schokoladenroulade auf das Tuch stürzen, Backpapier abziehen und auskühlen lassen.

Sacher-Halbgefrorenes

- Eigelb und Ei mit Zucker in einer Rührschüssel im warmen Wasserbad schaumig schlagen (bis auf 82 Grad erhitzen).
- Rum dazugeben und kalt rühren.
- Bitterschokolade, Mandeln, Zimt, Vanillezucker und Sahne unterheben.

Schokoladenglasur

- Weiche Butter unter die Bitterschokolade und den Nougat rühren.

Fertigstellung

- Eine rechteckige Kastenform oder kleine Kuchenform mit dem Rouladen-Biskuit auslegen, das Halbgefrorene einfüllen.
- Mindestens 3 Stunden im Tiefkühlfach gefrieren lassen.
- Das Sacher-Halbgefrorene aus der Form stürzen, mit etwas Marillenmarmelade bestreichen, mit Schokoladenglasur überziehen, in Tortenstücke schneiden, mit Rumsahne und Schokoladenraspeln garnieren und servieren.

Kürbiskernparfait mit Bratapfel

FÜR 4 PERSONEN

Kürbiskernparfait

3	Eigelb
1	Ei
80 g	Zucker
3 EL	Kürbiskernöl
250 ml	geschlagene Sahne

Bratapfel

4	sehr reife Äpfel
4 TL	Zucker oder 4 Stück Würfelzucker
1 TL	Zimt
1/2	Zitrone, Saft
4 TL	Butter

Weiteres

80 g	karamellisierte Kürbiskerne, grob zerhackt
50 g	Preiselbeermarmelade zum Garnieren
1 EL	geschmolzene Schokolade zum Garnieren

Bratapfel:

etwa 180 Grad
etwa 30 Minuten

etwa 200 Grad
etwa 30 Minuten

Kürbiskernparfait

- Eigelb und Ei mit Zucker in einer Stahlschüssel im warmen Wasserbad schaumig schlagen (bis auf 82 Grad erhitzen).
- Kürbiskernöl dazugeben und kalt rühren.
- Geschlagene Sahne unterheben.
- Die Masse in mit Klarsichtfolie ausgelegte runde Formen geben, glatt streichen und etwas anklopfen, damit sich die Masse schön in der Form verteilt.
- Mit Folie abdecken und mindestens 3 Stunden im Tiefkühlfach gefrieren lassen.

Bratapfel

- Äpfel waschen und mit einem Apfelausstecher das Kerngehäuse herausstechen.
- Den entstandenen Hohlraum mit Zucker, Zimt, Zitronensaft und Butterstückchen füllen.
- Äpfel in eine feuerfeste Form setzen und im vorgeheizten Backofen braten.
- Bratäpfel mit einem Esslöffel aus der Schale schaben.

Fertigstellung

- Das Halbgefrorene aus den Formen nehmen, in Kürbiskernen wälzen und auf Teller setzen.
- Die Bratapfelmasse mithilfe einer Ringform (4 cm Ø) neben dem Kürbiskernparfait anrichten, mit Preiselbeermarmelade und Schokolade garnieren und servieren.

TIPPS

1. *Als Variation können Sie die Bratäpfel auch mit Preiselbeermarmelade, Sultaninen, Pinoli, gehackten Mandeln, Haselnüssen, Walnüssen oder auch mit Rohmarzipan füllen und mit Rum oder Apfelschnaps parfümieren.*
2. *Zu den Bratäpfeln können Sie auch ein Vanilleeis oder eine Vanillesauce servieren.*

Die Autoren bedanken sich bei folgenden Partnern

Algunder Sennerei
www.sennereialgund.it

Biokistl Südtirol
www.biokistl.it

Spezialbier-Brauerei Forst
Birra-Bière-Beer-Bier
www.forst.it

Galloni ~1966~
Natürlich. Echt. Einzigartig.
Natura. Cura. Passione.
www.galloni-meran.it

Koch
www.kochbz.it

Küppersbusch
Für Küchen mit Stil
www.. .it

MeinBeck
www.meinbeck.com

Pircher
Original · Since 1884
www.pircher.it

Rieper
www.rieper.com

Zorzi
Kältetechnik | Frigotecnica
www.zorzi.oskar.it

Gasteiger Wieser Bachmann
So kocht Südtirol Team

www.so-kocht-suedtirol.it

Find us on: facebook.
www.facebook.com/sokochtsuedtirol

Kleines Küchenlexikon

In der Auflistung finden Sie Zubereitungsmethoden und handwerkliche Begriffe, die Ihnen in den Rezepten begegnen und über die Sie vielleicht noch einmal informiert werden möchten.

Buchteln	meist kleines und süß gefülltes Hefegebäck
Buttermilch	verbleibende Flüssigkeit bei der Buttergewinnung aus Sauerrahm
Crêpes	dünne Pfannkuchen nach französischer Art, süß oder pikant
Flammeri	kalte Süßspeise (Pudding), auch mit Grieß
Glukose	Traubenzucker, der in Früchten vorkommt; beeinträchtigt die Kristallbildung
Grand Marnier	französischer Orangenlikör
karamellisieren	Zucker bräunen: Zucker wird so lange erhitzt, bis eine goldbraune Masse entsteht
Läuterzucker	Wasser und Zucker, meist im Verhältnis 1:1 aufgekocht
Marillenröster/ Zwetschgenröster	gedünstetes Obst, etwa Marillen (Aprikosen) oder Zwetschgen
Mousse	Schaumspeise aus Schokolade, Beeren, Früchten oder Mohn
Pannacotta	gekochte Sahne, italienisches Dessert
Parfait	das »Perfekte«: besonders feines und luftiges Halbgefrorenes
Pistazien	hellgrün, mandelartig, schmecken angenehm süßlich
Profiteroles	kleine gefüllte Windbeutel aus Brandteig
Rhabarber	saftig-fleischige, angenehm säuerliche Blattstiele; Knöterichgewächs
Soufflé	ein in kleinen Portionsformen gebackener sehr luftiger Auflauf
Walderdbeeren	kleine besonders aromatische wildwachsende Erdbeeren
Zabaione	über warmem Wasserbad aufgeschlagene Eiercreme, meist mit Wein zubereitet
Zur Rose abziehen	Eiermasse bis auf etwa 82 Grad rührend erhitzen, ohne dass die Masse kocht. So bilden sich auf einem hineingetauchten Löffel beim Draufpusten rosenartige Kringel.

Ländertypische Bezeichnungen

Öfters kommt es innerhalb der deutschsprachigen Länder zu Verwechslungen aufgrund von unterschiedlichen Benennungen. Die nachstehende Übersicht soll für Klarheit sorgen.

Südtirol/Österreich	Deutschland
Eidotter	Eigelb
Eiklar	Eiweiß
Germ	Hefe
Kastanien	Maroni
Marillen	Aprikosen

Südtirol/Österreich	Deutschland
Pinoli	Pinienkerne
Rahm	Sahne
Schwarzbeeren	Heidelbeeren
Staubzucker	Puderzucker
Topfen	Quark

Register

Stichwörter mit **roten** Seitenzahlen befinden sich im Rezeptteil. Stichwörter mit **schwarzen** Seitenzahlen befinden sich im Abschnitt »Wissenswertes«.